MICHELE ORTI MANARA

Consolazione

Rizzoli

Pubblicato per

Rizzoli

da Mondadori Libri S.p.A.

Michele Orti Manara è rappresentato da Oblique Studio, Roma

ISBN 978-88-17-16074-2

Prima edizione: febbraio 2022

La Scala

Consolazione

Prithee, my dear
Why are we here?
Nobody knows
We go to sleep
As breathing flows
My mind secedes
I bleed
I bleed
I bleed

PIXIES, *I Bleed*

I

«Se avete paura è il momento di dirlo, che poi non si torna più indietro» dice Marcello, in testa al gruppo.

«E chi lo dice, io torno indietro quando mi pare» risponde Evelina.

«Ma non è che invece ti continui a fermare perché sei tu quello che ha paura?» chiede Teresa dal fondo della fila.

«E di cosa?» risponde Marcello, fermandosi e bloccando tutti gli altri, con un filo d'erba che gli ballonzola tra i denti. «La chiesa è vuota, finché non arriva il prete nuovo anche Marisa non ci mette piede. E poi, di cosa dovrei aver paura, di una macchia di sangue? Ho già sgozzato sei maiali con mio padre, mica mi fa senso il sangue.»

«Se non la smettete va a finire che cambio idea, andiamo avanti e basta» dice Evelina, mangiucchiandosi l'unghia del pollice.

Solo pochi minuti prima stanno languendo sul pendio dove passano gran parte del loro tempo libero, in un sonnacchioso sabato pomeriggio di fine febbraio. La temperatura è mite, tanto da aver anticipato di qualche settimana la primavera. Il vento pettina l'erba, dalla cima della collina alle spalle dei ragazzi giù giù fino a dove il terreno diventa pianeggiante e iniziano a sorgere le poche costruzioni che prendono il nome di Roccasa.

Sul pendio non c'è molto da fare; al di fuori del pendio neppure, ed è per combattere la noia che Marcello a un certo punto si alza in piedi e chiede: «Perché non andiamo alla chiesa? Mio padre dice che si vedono ancora le macchie di sangue sotto il campanile, dove don Antonio si è spiaccicato…».

«Mamma ha detto di non andarci» risponde Tobia togliendosi un dito dal naso, «che se no poi facciamo brutti sogni.»

«Mamma ha detto a *te* di non andarci, perché se no sei *tu* che fai brutti sogni. Se non ti va di venire torna a casa, su, fila!»

«Ma io voglio stare con voi!» piagnucola Tobia, il labbro superiore che trema appena, le braccia incrociate sul petto.

«Basta che poi non fai la spia come al solito. Quindi, andiamo? Voi che dite?»

Le ragazze non danno segno di aver sentito la domanda.

Evelina continua a lavorare sui capelli di Teresa, a dividere le ciocche ramate e a sovrapporle con movimenti fluidi, creando una treccia spessa come la corda che regge il secchio nel pozzo al centro di Roccasa.

E Teresa, seduta con le gambe raggomitolate sotto la gonna, continua a raccogliere i primi fiori di campo, decapitarli e infilare le corolle in un pezzo di spago. Ha già creato una collana lunga due spanne; lo spago che ha attorcigliato in grembo e il tripudio primaverile che ha attorno alla gonna suggeriscono che potrebbe continuare a decapitare e infilare per ore.

Ogni tanto guarda in alto, verso il cielo lattiginoso; aspetta una goccia di pioggia, un raggio di sole, un segnale.

A Marcello sembra sempre che sia persa da qualche parte che lui fatica a raggiungere, e la cosa lo spaventa e innervosisce in egual misura. In momenti come questo non riesce a trattenersi dalla tentazione di riportarla coi piedi per terra, e così alza la voce e dice: «Oh, Teresa! Ci vieni alla chiesa, sì o no?».

«Per me fa lo stesso» risponde lei, senza dargli la soddisfazione di guardarlo negli occhi. Da quando si è svegliata non si sente affatto bene e adesso si sta domandando se il malessere sia aggravato dalla paura di visitare la chiesa. Scaccia il pensiero insieme a una ciocca sfuggita alla treccia, pettinandosela dietro l'orecchio.

«Ma sì, ma sì, va bene anche per noi» dice alla fine Evelina, usando il plurale come se tenendo Teresa per i capelli avesse guadagnato il privilegio di decidere anche per lei.

E dunque tutti e quattro si avviano.

Alla loro sinistra torreggia il monte Severo, la cui pietra calcarea nella luce del pomeriggio ha sfumature che vanno dal bianco al rosa. I vecchi del paese ricordano che un tempo il profilo di quel monte somigliava al volto di una donna addormentata che tutti chiamavano "la Mugnaia". Ma nessuno dei ragazzini l'ha mai vista, è franata molto tempo prima che loro nascessero.

Una volta disceso il pendio entrano a Roccasa, tagliano

in due la piazza centrale del paese, girano attorno al pozzo, e passano sul retro dell'emporio.

Sentono Zeno dire qualcosa su dei sacchi da spostare, poi una porta che sbatte.

«Mamma e papà litigano?» chiede Tobia, tirando Marcello per una manica.

«Zitto, scemo, se papà ci sente ci dà qualcosa da fare, e addio chiesa.»

Superata la piazza i ragazzi attraversano il ponticello che qui tutti chiamano "il primo ponte", oltre il quale alcune piante sporgono i rami verso il fiume – detto "l'Anguilla" a causa della sua andatura sinuosa – come per afferrarne un lembo.

Ed eccoli infine, tutti e quattro, all'imboccatura della scorciatoia che si addentra nella propaggine a sud della vegetazione che circonda la chiesa e che è soprannominata "il bosco orientale".

È qui che Marcello invita chi ha paura a tornare indietro, è qui che nessuno confessa la propria per non sfigurare di fronte agli altri.

Imboccano il sentiero in fila indiana, tranne Tobia che lo attraversa da destra a sinistra e ritorno, con il moto ondivago di un ubriaco, scalciando l'erba che gli arriva fino alle caviglie. Ogni tanto si ferma, attratto da sassi dalla forma insolita, da fiori e rametti che calamitano la sua attenzione e che abbandona poco dopo, quando qualcos'altro lo distrae. Perlustra i tronchi alla ricerca di camicie di cicala, che colleziona in una scatola di cartone nascosta sotto il suo letto, ma non è ancora stagione. Sulle cortecce trova solo muschio e gocce di resina.

A ogni suo passo dall'erba si alzano insetti che volano o saltellano via. Tobia canticchia una filastrocca, che anche gli altri quattro conoscono. Nessuno però si unisce a lui.

Mangia l'erba, saltabecca, salta e balla finché puoi!
Presto, scappa, saltabecca, o per te tra un po' son guai!

I ritagli di cielo tra le foglie iniziano a cambiare tinta preannunciando il tramonto. L'aria si sta raffreddando, sulle guance di Tobia compaiono due macchie rosse. Dopo una svolta del sentiero, tra le cime degli alberi ecco apparire quella appuntita del campanile.

Un saltello, due saltelli, i saltelli sono tre!
Saltabecca ti ho pestato, ora giaci morta ahimè!

Risalgono la collinetta su cui sorge la chiesa, in posizione sopraelevata rispetto al paese, e infine raggiungono la base del campanile al centro di uno spiazzo in terra battuta. A occhi bassi, tutti cercano tracce dello schianto di don Antonio, che qualche settimana prima è salito fino al locale delle campane, è montato in piedi sul davanzale di una bifora e si è buttato nel vuoto.

Complice la luce del giorno che va scemando, i ragazzi non trovano segni del suo volo suicida.

«Secondo voi perché l'ha fatto?» chiede Marcello, guardando la sommità del campanile pungere il grigio ormai virato al blu scuro del cielo.

«Non posso dirvi chi me l'ha detto» risponde Evelina, «ma io ho sentito che è stata colpa del maligno. Gli ha confuso i pensieri e l'ha fatto saltare. E mi hanno detto anche che uccidersi è un peccato mortale, perché se lo fai butti via la vita che Dio ti ha dato, e questo è molto, molto grave.»

«E tua madre che dice? Lei di maligno qualcosa ne sa...» dice Marcello girandosi verso Teresa, con il sorriso appena accennato che lei ha imparato a detestare. È un sorriso che non aveva mai notato fino a qualche tempo prima, quando il loro rapporto era privo delle ombre recenti, e che negli ultimi mesi invece ha visto comparire sempre più spesso.

«Non ha detto nulla. Non è come i vostri genitori, non passa tutto il tempo a parlare male degli altri. Ha di meglio da fare, *lei*.»

«Mia mamma non parla mai male degli altri, a meno che non se lo meritano» dice Tobia, «però anche secondo lei don Antonio aveva qualcosa che non andava in testa, e difatti...»

«Venite, venite!» urla Evelina dal lato opposto del campanile, facendo sobbalzare gli altri. «Eccole qua» dice, «le ho trovate, venite!» E indica dei segni color ruggine sulla pietra chiara.

I cinque ragazzi si raccolgono lì attorno.

Marcello si inginocchia, li sfiora con le dita e se le annusa.

«Non si capisce se è sangue o fango, è troppo secco.»

«Ora possiamo tornare a casa? Ho freddo» dice Tobia, allontanandosi di un passo dalla base del campanile, gli occhi fissi sulla macchia che il fratello ha appena toccato.

«Speravo di trovare qualcosa di meglio» dice Marcello. «Andiamocene.»

«Teresa, che succede, ti sei fatta male?» dice Evelina, puntando un dito dall'unghia smangiucchiata sulla gonna dell'amica, che abbassa lo sguardo e capisce che il malessere che ha sentito per tutto il giorno era qualcosa di diverso dal semplice mal di pancia per cui lo aveva scambiato.

Sta sanguinando, una marmellata calda che aumenta di intensità inizia a colarle lungo le cosce e poi scivola giù fino a inzupparle le calze.

«È il fantasma di don Antonio» grida Tobia, «è la maledizione del sangue di don Antonio, lo avevo detto che non dovevamo venire, ve l'avevo detto io!»

Inizia a correre, in pochi secondi la sua schiena viene ingoiata dal bosco orientale, le sue urla si affievoliscono fino a non sentirsi più.

«Cretino» dice Marcello. «Che succede? Ti sei tagliata?»

«No, non mi pare» risponde Teresa, cercando di mantenere un tono di voce calmo anche se la vista del sangue le fa girare la testa.

«Meglio che ti riportiamo a casa» dice Evelina.

«Sì, meglio che ti fai vedere da tua mamma» dice Marcello guardando Teresa fisso negli occhi, di nuovo con quel ghigno che gli uncina gli angoli della bocca. «Lei saprà di sicuro cosa fare.»

«Cosa vorresti dire?» chiede Teresa, cercando di stringere le cosce perché ha capito che il sangue esce da lì, anche se non saprebbe dire da dove parta.

«Quello che sanno tutti, che tua mamma è una sarachìa...»

«Finiscila, lasciala in pace» dice Evelina. «Prendi in giro Tobia perché crede ai fantasmi, ma sei peggio di lui.»

«E invece ha ragione» ribatte Teresa. «Mia bisnonna era una sarachìa, mia nonna era una sarachìa, mia mamma è una sarachìa, e magari lo sono anch'io.»

Mette la mano sotto la gonna, e quando la tira fuori il polpastrello dell'indice è coperto di sangue scuro e denso. Si avvicina a Marcello, che spalanca gli occhi e fa uno, due, tre passi indietro.

«Che schifo, che fai? Non mi toccare, non mi toccare» dice, continuando a camminare all'indietro. Inciampa, cade col sedere per terra.

Teresa gli si avvicina, Marcello ha gocce di sudore sul labbro superiore e gli occhi dell'animale ipnotizzato dai fari di un'automobile.

«Ecco» dice Teresa chinandosi e appoggiando il dito sporco sulla fronte di Marcello. «Adesso hai sulla fronte il marchio della sarachìa. Lo sai cosa vuol dire?»

Marcello riprende coraggio, si rimette in piedi.

«Puliscimi» dice a Evelina, che si scansa per non farsi toccare.

«Che scoperchio fai, puliscimi! Puliscimi ho detto!»

Quando è evidente che la ragazza non ha nessuna intenzione di obbedire Marcello si gira. Ha uno sguardo profondo, adesso, lo stesso che suo padre porta in giro al calar della sera, quando esce di casa e si avvia verso la locanda.

«Questa me la paghi, sarachìa, ti giuro che questa me la...»

Non finisce la frase: le campane della chiesa iniziano a suonare, e il loro frastuono cancella quel che stava dicendo.

I ragazzi si guardano in faccia per provare a intuire le intenzioni degli altri; poi, con gridolini spaventati, Marcello ed Evelina entrano correndo nel bosco, come Tobia prima di loro, e scompaiono.

Teresa resta sola, le orecchie che ronzano e le gambe molli. Le campane suonano ancora, tre rintocchi; uno stormo di strinini esce frullando dagli alberi e sorvola il campanile.

Con l'orlo della gonna in mano per evitare che si impiastricci di sangue e polvere, Teresa si chiede se sia stato il vento a farle suonare. Improbabile, vista la fatica che faceva don Antonio per metterle in moto aggrappato alle funi con tutto il suo peso, ogni giorno, più volte al giorno.

Si domanda allora se sia il caso di andare a vedere, ma prima che sia lei a muovere un passo sono le risposte a venirle incontro.

La porticina alla base del campanile si apre, un uomo china la testa per passare sotto lo stipite ed esce. Teresa si infila la gonna tra le gambe e stringe un'altra volta le ginocchia per nascondere le macchie.

Oltre alla veste scura e al collarino bianco, la prima cosa che nota dell'uomo sono gli occhi, incastonati in un viso dai lineamenti affilati, e di un colore così chiaro da sembrare quasi trasparenti. L'insieme, tuttavia, comunica una certa dolcezza, anche per merito del sorriso largo che l'uomo le rivolge.

«Salve!» dice. «Mi aspettavo che qualcuno sarebbe venuto a vedere chi suonava le campane, ma non che arrivasse così presto, né che fosse così giovane. Io sono don Ettore, il nuovo parroco. E tu?»

Teresa tace, lo guarda, sta per dire qualcosa, ci ripensa.

«Sarachìa» dice alla fine, a voce bassa.

«È il tuo nome?» chiede don Ettore, ma la ragazzina gli volta le spalle e se ne va.

«Ehi, ti senti bene?» chiede ancora, ma senza riuscire a fermarla.

Fa due passi avanti, non nota la macchia scura impastata nella polvere, ci mette un piede sopra. Con le mani sui fianchi guarda dentro il buio, tra gli alberi.

Teresa intanto ha accelerato il passo e costeggia il bosco senza passarci attraverso. Casa sua è dalla parte opposta del paese, e, come la chiesa, è isolata, un corpo estraneo rispetto allo sviluppo di Roccasa.

Col sangue che le sciaguatta nelle scarpe, piccole bollicine rosse che a ogni passo fuoriescono gonfiandosi ed esplodendo dalle asole, Teresa allunga il percorso per evitare di incontrare qualcuno e di dovergli spiegare da dove venga il sangue.

Sente di nuovo una stretta nel basso ventre; più che un dolore adesso le sembra un mormorio intimo, costante. Arriva all'Anguilla. Deve percorrere "il secondo ponte" – circa duecento metri più a sud di quello che ha attraversato con gli altri per andare verso la chiesa – poi seguire il corso del fiume fino a casa. Quando è sul ponte guarda verso nord. Sulla sponda, poco più a monte, un gruppo di donne sta facendo il bucato. Tra il primo e il secondo ponte c'è una piccola ansa dove l'Anguilla rallenta un po' il suo corso e che per questo è il punto migliore per il lavaggio dei panni.

Teresa non vede l'ora di arrivare a casa, di togliersi i vestiti e ripulirsi. E magari di mettersi subito a letto, a riposare e ripensare a quel che le è appena successo, a quello che le ha detto Marcello, a quello che ha risposto e fatto lei. Forse il calore sotto le coperte metterà a tacere il rombo che dalle anche inizia a irradiarsi alla schiena. Eppure, giunta al centro del ponticello, non può fare a meno di fermarsi e osservare le donne, sagome ormai scure sullo sfondo del crepuscolo. Una goccia di sangue le cola da una scarpa tra due assicelle di legno e precipita nell'Anguilla, che la diluisce e se la porta via.

Le donne strofinano e parlano tra loro. Braccia allenate, movimenti vigorosi e ritmici, strofinano e parlano, così vicine che solo grazie a una perfetta sincronia i loro gomiti non si urtano. Teresa si chiede perché stiano tanto attaccate l'una all'altra, se così lo sporco dei panni dell'una non vada a finire su quelli di chi le sta accanto.

La donna più a valle attorciglia e strizza qualcosa di bianco, lei è troppo lontana per capire di cosa si tratti. La donna nota la ragazza sul ponte, punta un dito verso di lei. Tutte le altre alzano la testa dai panni, ma quando Teresa le saluta con un cenno della mano nessuna risponde. E poi sono di nuovo chine, i movimenti meno armonici di prima, i gomiti che adesso cozzano uno contro l'altro, sei figure che strofinano e confabulano. Una perde la presa su un indumento, che viene rubato dalla pur placida corrente del fiume e inizia ad andare lentamente alla deriva. La donna si sfila le scarpe e in due passi lo recupera. Poi, con l'acqua alle caviglie, porta una mano alla fronte per schermarsi gli occhi e guardare verso la ragazza.

Anche se non può sentirla, anche se non può vedere la sua bocca che si muove, Teresa sa che sta sibilando qualcosa, e sa che riguarda lei, riguarda sua madre, e la madre di sua madre, e la madre della madre di sua madre.

Arrivata a casa prende uno dei due secchi d'acqua dalla liscivaia e una pezza dal cassettone.

La casa è sprofondata nel silenzio.

Suo padre è uscito qualche ora prima con il furgone per andare a far partorire una puledra in un paese a qualche chilometro di distanza. Dove sia la madre, invece, Teresa non lo sa. Non lo sa quasi mai, tranne quando Nives la porta con sé nel bosco o quando riceve le donne di Roccasa.

Sale in camera sua, nel sottotetto, facendo scricchiolare come sempre il sesto e il nono gradino.

Lì si toglie gonna, calze e mutande, poi immerge la pezza nel secchio e inizia a pulirsi l'interno delle cosce; mentre le macchie di sangue scoloriscono, le tornano in mente le domande insolite che le ha fatto sua madre di recente.

Nives le ha chiesto più volte se sentiva un prurito *lì*, o dolori all'addome. Un paio di volte, anche se non è sicura che non si sia trattato di una sua fantasia, le è parso che la madre le annusasse il collo, i capelli, le mani. Solo adesso, mentre strizza lo straccio nel secchio e lo immerge di nuovo, Teresa finalmente capisce a cosa si riferissero quelle domande.

Si mette dei vestiti puliti, vorrebbe uscire a svuotare il secchio ma si rende conto di essere troppo stanca anche solo per fare le scale.

Si distende sul letto, e in pochi secondi non c'è più.

Si risveglia dopo circa un'ora, quando sente la porta d'ingresso al piano terra che si chiude. Fino a pochi secondi prima stava correndo, i piedi nudi e veloci sull'erba, una distesa verde a perdita d'occhio. C'era il sole, c'era la rugiada che lubrificava la corsa, Teresa correva, il vestito le saliva lungo i fianchi, il prato in discesa, Teresa correva troppo veloce con il vestito salito fin sulla faccia, non vedeva dove andava e non riusciva più a fermarsi.

Adesso sbadiglia e ascolta i passi di sua madre sulle scale, di nuovo il guaito dei due gradini. Si accorge di avere fame, che il dolore è più circoscritto ma che il sangue ha ripreso a scorrere.

Quando entra nella stanza, Nives ha i sensi spalancati come un cane da caccia che ha fiutato qualcosa. Con una mano stringe il ciondolo che porta al collo.

«Ti senti bene?» dice.

«Sì, mamma, sto bene.»

Nives si avvicina al letto. Ha un'espressione concentrata, sposta il lenzuolo, scopre le gambe della figlia e vede una macchia di sangue sul materasso.

Prende la testa di Teresa, le appoggia le labbra sulla fronte.

Mormora qualcosa, la voce poco più di una brezza tiepida.

Teresa non ha mai sentito quelle parole, eppure le sembra di capirle all'istante.

Per essere sicura che sia arrivato il momento che aspettava, Nives prende tra le mani la gonna della figlia stesa ad asciugare su una sedia. Ne liscia le pieghe, cerca e trova del sangue anche lì.

Nives e Teresa si guardano, zitte, per qualche secondo.

«Sembrano nervature di una foglia» dice Nives puntando il dito sulle fibre della gonna imbevute di sangue. «La foglia di una pianta molto antica, che ha visto morire e nascere un'infinità di creature. Ci sono molte piante che ancora non conosci, lo sai, vero?»

«Ma sono tante anche quelle che mi hai insegnato a riconoscere.»

«Questo è vero» dice Nives sorridendo, «ma ho tenuto la più importante per questo momento. La vorresti vedere? Vorresti vedere questa pianta che pretende qualcosa ma dà molto in cambio? Capisci di cosa sto parlando?»

«Penso di sì» mente Teresa.

«La vedrai presto, allora» dice Nives, e bacia sua figlia sulla bocca.

2

La mattina dopo la visita alla chiesa il brusio all'addome è ancora lì, placido, acquattato. Dall'abbaino della sua stanza Teresa vede entrare la luce, forte e a picco, segno che non ci sono nuvole, il sole è alto, è già tardi.

Si mette a sedere sul letto, sbadiglia e si stiracchia. Tutto nella stanza è come ieri, tutto nella stanza sembra diverso, minime variazioni nella tinta e nella posizione delle poche cose che possiede: una sedia, un armadio sbilenco costruito da suo padre, un appoggiapiedi basso che è stato riconvertito a comodino.

E la fame, di nuovo la stessa fame acida della sera prima, come se il corpo avesse bisogno di un supplemento nutritivo per superare i cambiamenti che sta affrontando.

Teresa pensa a una fetta di pane coperta dalla marmellata di more che fa sua madre, e la bocca le si riempie di saliva. Scende dal letto, si veste. Getta uno sguardo fuori dall'abbaino, la cima del monte Severo si staglia sul cielo terso alle spalle di Roccasa. Da un paio di comignoli sta uscendo del fumo. Uno è quello della casa di Marisa, che è un'ottima cuoca e probabilmente sta preparando qualcosa – il solo pensiero basta a riempire di nuovo la bocca di Teresa di saliva.

Quale sia il secondo non lo saprebbe dire con certezza, perché viene dal centro di Roccasa, dove le poche abitazioni sono una addossata all'altra.

Sta per scendere le scale quando sente il passo strascicato di qualcuno sul ghiaino sotto la finestra di camera sua. Spia dall'abbaino e vede Sofia avvicinarsi alla porta sul retro di casa. Minuta, circospetta, se non fosse per la ciocca bianca che le taglia a metà la testa, per il resto avvolta da capelli neri, da questa distanza sarebbe difficile distinguerla da sua figlia Evelina. Sofia sta zoppicando, come se non riuscisse a portare avanti la gamba destra in un movimento fluido. Tiene una mano sul fianco, bussa alla porta con l'altra.

Dimenticando la fame Teresa si distende, striscia sotto il letto, cerca a tastoni la pallina di pece grande come un nocciolo di pesca con cui ha tappato il foro nelle assi del pavimento.

La polvere le fa prudere il naso e fatica a trattenere uno starnuto.

In corrispondenza della sua camera, al piano terra, c'è una stanza raccolta e spoglia. È priva di finestre tranne una piccola presa d'aria sulla parete esterna, da cui fuoriesce la canna fumaria della stufa di ghisa su cui Nives scalda l'acqua per gli infusi. Una feritoia alta due spanne e larga una, che è anche l'unica fonte di luce naturale dell'ambiente. Di fianco alla stufa c'è una porticina bassa in legno che si apre verso il secondo bosco nei dintorni di Roccasa, quello occidentale, che delimita il confine ovest del paese. Altre due pareti della stanza sono occupate da file di scaffali che partono a mezzo metro da terra e finiscono poco al di sotto del soffitto – e lì sopra: barattoli di vetro, ampolle, mortai e pestelli, piccoli sacchi di iuta traboccanti di semi, radici e foglie secche – mentre la quarta è attraversata da cordicelle a cui stanno appesi vari arbusti, in essiccazione a testa in giù. In un angolo, alcuni vasetti ripieni di terra che ospitano le rare piante che Nives non riesce a procurarsi nei boschi attorno a casa e che è quindi costretta a coltivare da sé. Prosperano rigogliose nonostante la scarsità di luce. Quando Nives le bagna sprigionano un pungente odore di terriccio che sale fino al soffitto.

Al centro della stanza un tavolo con due sedie, dove Nives riceve le donne del paese per la Consolazione. La sequenza degli eventi si ripete sempre uguale, un rito che dopo il rumore delle nocche sulla porta contempla soltanto bisbigli e qualche singhiozzo.

È così anche oggi: Sofia bussa, Nives le apre senza dire nulla, si siede al tavolo e aspetta che l'ospite occupi la sedia davanti alla sua.

Stesa sotto il letto Teresa deve scegliere, come sempre, se spiare o origliare, se accostare l'occhio alla fessura oppure girare la testa e appoggiarci sopra l'orecchio. Nessuna delle due opzioni le permette di farsi un'idea precisa di quel che succede lì sotto, dove la luce è poca e dove si parla piano. Nella penombra riesce però a distinguere una delle mensole e una porzione del tavolo, le mani di Nives appoggiate coi palmi verso il basso, quelle di chi le fa visita inquiete e a disagio come piccoli animali in trappola. Le vede torcersi e tormentarsi, nocche arrossate e mezzelune di sporco sotto le unghie mal curate.

Di solito, se non ha assistito all'arrivo dell'ospite, quando la Consolazione è finita Teresa striscia fuori da sotto il letto e corre all'abbaino per controllare a chi appartengano.

Non sa molto delle donne di Roccasa, nessuna le ha mai dato confidenza e anzi quasi tutte, quando la incontrano, distolgono lo sguardo o fingono di non averla vista. Solo quando si sentono protette dalla distanza, come il giorno prima sul fiume, la fissano con un misto di curiosità, timore e reverenza, lo stesso che riservano a Nives al di fuori della stanza al piano terra.

Eppure, grazie a quel che vede e sente dal buco nel pavimento, di tutte le donne del paese ormai Teresa saprebbe riconoscere con sicurezza le mani e il pianto soffocato.

Nell'uscire, hanno tutte lo stesso passo guardingo. Controllano a destra e sinistra che non ci sia nessuno in vista, percorrono in fretta i pochi metri che le separano dal bosco, sulle punte per non far gemere il ghiaino. Per raggiungere le loro case basterebbe che girassero l'angolo di quella di Nives e puntassero verso il centro di Roccasa, ma tutte preferiscono addentrarsi nel bosco occidentale e sbucarne fuori un centinaio di metri più a nord, per poter fingere, nel caso incontrassero qualcuno, di non essere state lì, nella stanza al piano terra. Di non aver raccontato niente, non aver ascoltato niente, non aver bevuto niente.

È quello che fa anche Sofia, strisciando fuori dalla porta, camminando lieve.

Teresa non può fare a meno di notare che si tasta la gamba, come per controllare se quello che la faceva zoppicare si è già placato.

Don Ettore ha dormito male, nella sua prima notte a Roccasa, e si è svegliato con l'impressione di non aver dormito affatto. Ha fatto sogni, ha sudato, a un certo punto è quasi certo di aver pianto.

Quando Marisa entra in sagrestia il sole è sorto da un'ora e don Ettore si è alzato da poco. Ha ancora il segno del cuscino sulle guance, e sembra invecchiato rispetto al giorno prima, quando Marisa al tramonto è andata a presentarsi a lui.

«Buongiorno, ha dormito bene, Padre?» chiede. Ha una voce esile, parla lentamente, gli occhi bassi e il mento quasi appoggiato al petto. Sulla cima della testa si intravede così una crocchia di capelli argentata, compatta come un nido di rondine.

«Non molto, ma forse devo solo abituarmi al nuovo letto» risponde don Ettore.

«Sfido che non abbia riposato bene, con tutta la polvere che c'è qui dentro. Incredibile quanta se n'è accumulata in così poco tempo. E sì che le finestre della stanza da letto non sono state più aperte da quando don Antonio... Insomma, dalla tragedia che ci ha colpito.»

«Ha voglia di parlarmene?» chiede don Ettore.

«Non è questione di mancanza di voglia, e non vorrei mancare di rispetto, ma non saprei cosa dire, è stato tutto così... inaspettato.» Marisa si fa il segno della croce.

«Da quanti anni era qui?»

«Don Antonio? Undici anni lo scorso luglio. Undici anni a servizio da lui, e neppure mi sono accorta che stesse per... che si sentisse così.»

Gli occhi di Marisa si inumidiscono, se li asciuga con un gesto rapido della mano, cerca di ricomporsi.

«Non si dia la colpa di quel che è successo, i pensieri di un suicida seguono strade tortuose che il più delle volte sono inaccessibili anche a chi gli sta vicino. Il suicidio è un peccato grave, ma contro cui anche il Signore non ha che poche armi, figuriamoci noi, suoi umili servitori. È uno degli effetti collaterali del libero arbitrio: possiamo usarlo per fare del male agli altri, o a noi stessi. In paese che se ne dice?»

«Non molto, a dire il vero. Siamo gente riservata, come scoprirà molto presto. E don Antonio era rispettato, ma non aveva confidenza con nessuno. Non è facile stringere legami, qui.»

«Mi sta mettendo in guardia?»

«No, sto solo cercando di farle capire che se la gente inizialmente le sembrerà diffidente non c'è nulla di personale, è solo il nostro modo di fare. Non è facile per chi ci è nato, figuriamoci per chi viene da fuori. A proposito, dove prestava servizio prima di unirsi a noi?»

Don Ettore solleva la testa di scatto dalla tazza.

«Speravo che la riservatezza di cui mi parlava fosse reciproca e non solo di facciata. Apprezzo molto la prima, ma detesto la seconda. Ora mettiamoci al lavoro. Dobbiamo dare una ripulita a questo posto, la casa del Signore non ammette una tale trasandatezza.»

«Certamente» risponde Marisa, e mentre inizia a spazzare il pavimento sente lo sguardo di don Ettore che la pugnala tra le scapole.

Marisa lavora duro, tutto il giorno, tranne una breve pausa per un piatto di minestra che lei e don Ettore mangiano insieme in sagrestia, in silenzio.

Don Ettore ha chiesto di dare la precedenza agli spazi comuni, lasciando i suoi locali privati per ultimi. E quindi Marisa ha spazzato il pavimento della chiesa, spolverato le panche, lucidato il tabernacolo e al tramonto è stremata. Le fanno male le gambe, i piedi e le mani, che portano i primi segni della curvatura causata dall'artrosi.

Verso il tramonto don Ettore le si avvicina.

«Grazie, Marisa, per oggi basta così, vada pure a riposarsi.»

«Manca ancora la sua stanza da letto, Padre, non è il caso che anche stanotte dorma male come la scorsa.»

«Non c'è problema, sono così stanco che sono sicuro dormirò benissimo. Domani ci occuperemo di rimettere in ordine le cose che appartenevano a don Antonio, le chiederò solo di indicarmi se c'è qualcosa di prezioso che valga la pena tenere.»

«Certamente. Come avrà visto al momento è tutto in gran disordine. Credo che le sue ultime ore siano state molto tormentate, e che abbia buttato tutto all'aria in preda alla disperazione. Era così ordinato, all'inizio... Cose di valore comunque non ne aveva, tranne una vecchia Bibbia a cui teneva molto, ma credo più per ragioni affettive che altro. Ora che ci penso non l'ho più vista in giro. Vabbè, facendo ordine salterà fuori. Allora io vado, ma se mi posso permettere, Padre, forse stanotte le converrebbe pernottare alla locanda, dove troverà una stanza pulita e un piatto caldo. Oppure le posso preparare qualcosa io prima di andare.»

«Non ce n'è bisogno, davvero, non ho molto appetito. A domani.»

Marisa fa un piccolo inchino, prende la mantella e sta per uscire.

«Ah, un'ultima cosa che ieri sera mi sono dimenticato di chiederle» dice don Ettore. «C'è una chiave per chiudere la porta della chiesa durante la notte?»

«No» risponde la donna. «È un piccolo paese, ci si conosce tutti, e non c'è caso che a qualcuno venga in mente di rubare, tantomeno in chiesa. Buonanotte, Padre, che Dio la benedica.»

Teresa e Nives camminano nel bosco.

Quella che era un'eccezione – o un premio, nella percezione di Teresa – nelle ultime settimane è diventata una consuetudine.

Stamattina Nives si è messa il tascapane a tracolla. «Accompagnami» ha detto, e Teresa in silenzio ha iniziato a seguirne i passi, dall'uscio di casa fino al limitare del bosco occidentale e oltre, sempre più in profondità. Abbandonano il sentiero, puntano a dove gli alberi sono più fitti, dove il rumore degli animali tra gli arbusti è un fruscio continuo. Non parlano, ma Nives sembra sempre ascoltare qualcosa e ogni tanto smette di camminare.

«Eudacia» dice a Teresa.

«Rubronella» dice.

«Dente di vipera» dice, guardandosi attorno.

Concentrata e persa insieme, aspetta.

Teresa inizia a perlustrare il sottobosco, sposta gli arbusti col piede, si china e appoggia la guancia su uno strato di muschio per avere una visuale a livello del terreno.

Quando individua le piante che Nives le ha indicato prende ciò che le è stato richiesto.

Foglie di eudacia, fiori di rubronella, radici di dente di vipera.

Li dà alla madre, e lei controlla che ogni ingrediente sia stato trattato con tutte le cautele. Se è così lo infila nel tascapane, altrimenti lo lascia cadere, la bocca tesa in una smorfia che a Teresa i primi tempi sembrava sintomo di sconforto, ma in cui con l'esperienza ha imparato a scorgere una vena di preoccupazione.

Quando però Teresa sbaglia del tutto a riconoscere una pianta, sul viso di Nives non ci sono delusione né apprensione, ma rabbia trattenuta a stento.

«Cosa devo fare con te?» dice per esempio. «Come mi posso fidare se non sei neanche in grado di riconoscere cosa va raccolto e cosa no?» «Quasi dubito che tu sia figlia mia» aggiunge talvolta, ed è la frase che fa più male a entrambe.

In quei momenti a Teresa sembra che gli occhi di sua madre non siano più i suoi, e sarebbe pronta a giurare – anche se ripensandoci a mente fredda finisce sempre per dare la colpa a un raggio di sole o a un gioco d'ombre – che i capelli rossi di Nives in quegli scatti d'ira assumano sfumature incandescenti.

Un giorno, l'inverno precedente, mentre scorreva con un dito annoiato i dorsi dei volumi nella biblioteca di don Antonio, l'unica nel raggio di chilometri, Teresa si era imbattuta in un manuale di botanica.

Lo aveva tirato fuori dallo scaffale, speranzosa di aver trovato un modo per imparare a riconoscere le piante senza possibilità di errore. Un piccolo imbroglio, forse, ma tutto sommato accettabile pur di rendere fiera sua madre.

Ogni scheda era accompagnata da un disegno particolareggiato delle foglie, dei fiori, delle serpentine delle radici. Col cuore che batteva Teresa aveva iniziato a girare le pagine alla ricerca di tutte le specie che sua madre le chiedeva di raccogliere.

Aveva riconosciuto nelle illustrazioni le foglie della sartinia, i fiori del libaccio, ma a sorpresa i nomi non corrispondevano a quelli che Nives le aveva insegnato. Le piante erano le stesse, non c'era dubbio, e allora per quale motivo sua madre le chiamava in altro modo? Lo faceva per rendere tutto più difficile, era un sadico tentativo di confonderle le idee? Teresa si era ripromessa di chiedere spiegazioni, ma non aveva mai avuto il coraggio di farlo.

E così, dopo qualche giorno, era tornata di nascosto alla biblioteca di don Antonio, aveva sfilato il volume allargando la disposizione degli altri in modo che la mancanza non si notasse, e con il libro sotto il vestito era corsa via.

«Rubare è peccato» dice sempre Marisa, che a Roccasa è perpetua, e maestra, e catechista.

Ma né Marisa né chi ha scritto il Vangelo hanno mai visto il viso di Nives cambiare, i suoi capelli infuocati, nessuno sa come Teresa si senta a deludere sua madre. Non esiste punizione più severa delle cose orribili che Nives le dice nel bosco, senza mostrare un cenno di titubanza o pentimento, come se prima ancora che a sua figlia si rivolgesse a se stessa, e a sua madre, e alla madre di sua madre.

Il manuale adesso è in una scatola di legno nascosta in una spaccatura nel tronco di un albero, non troppo lontano da casa. Ogni volta che può Teresa lo consulta, con un mozzicone di matita cancella il nome della pianta riportato dal libro e lo sostituisce con quello usato da sua madre.

I suoi errori durante la raccolta si sono fatti sempre più rari, e Teresa vorrebbe poter aggiungere nei margini del manuale anche quale sia la funzione di ogni singola pianta, come vada essiccata, tagliata, cotta, e perché.

Ma non lo sa, non nel dettaglio, non ancora.

Un giorno sta aiutando il padre a caricare gli strumenti sul cassone del furgone. In una fattoria al di là delle montagne un cavallo pare essersi rotto una zampa ed Elvezio è stato chiamato per decidere il da farsi.

Teresa sa che nella sua borsa di pelle c'è l'occorrente per curare l'animale e quello per porre fine alle sue sofferenze nel caso la diagnosi fosse confermata.

Quando il furgone è pronto Elvezio sale, chiude lo sportello, mette fuori un braccio dal finestrino e le fa una carezza sulla testa.

«Papà, ti posso chiedere una cosa?»

«Dimmi.»

«Come posso fare per conoscere per bene le piante?»

«Devi studiare, come ho fatto io per gli animali, non esistono scorciatoie.»

«Questo lo so, ma intendevo per conoscerle davvero, come le conosce la mamma.»

«Be', questo non lo so. Ci sono delle cose che non sa

neanche papà, e questa è una di quelle. Ora devo andare, comportati bene.»

Non esistono scorciatoie, si ripete Teresa mentre torna verso casa.

Non esistono scorciatoie.

1946

Nives seduta su una sedia, Elvezio inginocchiato davanti a lei.

«Ho già ricevuto l'approvazione da tuo padre, quindi adesso sta a te decidere se...» dice Elvezio. «Nives, vuoi sposarmi?»

«A due condizioni» risponde Nives. «La prima, che tu non mi faccia mai del male.»

Sua madre disapproverebbe, ne è sicura. È stata molto chiara sull'argomento: Elvezio va bene, Elvezio è stato *trattato*, non c'è alcun rischio a unirsi a lui. Ciononostante, Nives pretende una promessa esplicita.

«Certo, come potrei?» risponde Elvezio.

«Non oserai alzare un dito su di me, qualunque cosa accada o ti sembrerà sia accaduta...»

«Non sono sicuro di capire, ma sì...»

«Prometti» dice Nives.

«D'accordo, prometto» risponde Elvezio.

«La seconda condizione è non farmi mai domande su una cosa.»

«Va bene, ma su cosa?»

«Questa è già una domanda.»

Elvezio abbassa lo sguardo, colpevole. «Credevo non

valesse ancora» dice. Sembra più giovane dei suoi diciott'anni, un bambino sorpreso a fare qualcosa di proibito.

«Vale da quando ti dico sì, quindi vale da adesso in poi» replica Nives, soddisfatta e quasi sedotta dalla docilità del futuro marito.

Elvezio ci pensa un po' su, poi alza lo sguardo. «Questo vuol dire…?»

«Sì» dice Nives. «La mia risposta è sì. E la cosa su cui non farmi domande non è ancora del tutto chiara neanche a me. La capiremo entrambi quando sarà il momento.»

3

Nives cuce una mantella per Teresa, Elvezio è appena rientrato da una visita e si sta ripulendo le mani nel lavabo. Senza voltarsi, chiede: «Quello che mi hai fatto promettere quando hai accettato di sposarmi, ricordi?».

«Certo che lo ricordo. Ti riferisci alla prima parte della promessa o alla seconda?»

«Alla seconda» dice Elvezio asciugandosi le mani.

«Stai per infrangerla?»

«No. O forse sì, almeno in parte... Non ti chiederò quel che fai, perché tanto non credo ci capirei qualcosa.»

«Quindi cosa mi stai chiedendo?»

«Vorrei solo capire se quello che fai, qualsiasi cosa sia, lo fai per... Se riguarda te, o magari me, o Teresa, o tutti quanti.»

«Mettiamola così: all'inizio la gente crede in qualcosa, poi qualcuno inizia a dubitare, il dubbio contagia gli altri e piano piano la credenza muore. Una volta che è morta non c'è più nessuno che sia in grado di *dire* molto al riguardo, ma capita che resti ancora qualcuno in grado di *fare* qualcosa al riguardo, anche senza avere le idee chiare in proposito.»

«Quindi quello che fai è legato a una credenza ormai morta?»

«Dipende.»

«Da cosa?»

«Da me, e da chi verrà dopo di me» risponde Nives battendo il palmo della mano sulla mantella, poi abbassa lo sguardo e ricomincia a cucire.

Il temporale primaverile è arrivato da est, preannunciato da un brontolio che ha intralciato il tramonto. Nives ha lasciato metà della cena nel piatto ed è uscita di casa.

Teresa ed Elvezio sono rimasti a tavola, facendo finta di nulla, come sono abituati a fare in queste occasioni.

Dopo circa un'ora la pioggia ha iniziato a cadere, una cortina fitta che li ha isolati del tutto dal paese.

Teresa ha preso la testa del padre tra le mani, l'ha baciato sulla fronte ed è andata a letto presto, senza aggiungere nulla. Elvezio ha spostato la poltrona dal centro del salotto alla finestra, ed è rimasto a guardare il profilo scuro del bosco scosso dal vento. Non è preoccupato per sua moglie, non teme cioè che a Nives possa succedere qualcosa mentre è là fuori. Semmai è inquieto per il destino di tutti quelli che lo circondano, di questo strano paese dove è nato ma di cui non è ancora riuscito a capire l'esatta natura.

Immerso in simili pensieri si addormenta, la testa ciondolante sul petto e le mani sui braccioli.

Si sveglia quando sente una lama di aria fresca in faccia.

Nives entra in casa, ha i capelli bagnati che le ricadono ai lati del viso in ciocche gocciolanti ed è sporca di fango dalle ginocchia in giù.

Fango anche sotto le unghie, e su tutta la faccia, come se si fosse grattata con le mani sudicie.

Elvezio riconosce quello sguardo, perché lo ha già visto nei cinque anni passati, e sempre agli inizi della primavera, come oggi.

«Andiamo a letto» dice Nives. Prende per mano Elvezio, che non oppone resistenza e si fa guidare, ancora stordito dal sonno.

Lo conduce nell'altra stanza, gli poggia una mano sullo sterno, lo spinge sul materasso.

Gli sale sopra a cavalcioni, sporcando le lenzuola con gli stinchi infangati.

Tiene la mano destra sul petto del marito, con la sinistra gli slaccia i pantaloni e li cala all'altezza delle ginocchia insieme alle mutande.

«Stiamo sporcando tutto» dice Elvezio, «non sarebbe meglio...»

«Shhh...» risponde Nives. «Non ti preoccupare, alle lenzuola pensiamo domani.»

Elvezio lascia cadere la testa sul cuscino, ascolta il vento fuori dalla finestra. Una parte di lui vorrebbe opporsi, ma il suo corpo non è d'accordo e reagisce al calore – come sempre gli accade in queste occasioni.

Ogni volta gli pare di non essere a letto con sua moglie, o perlomeno non solo, e questa obliqua forma di poligamia è parte integrante della sua eccitazione.

Nives inizia a muoversi su di lui con movimenti lenti, il ciondolo dorato che le oscilla tra i seni.

Se lui prova a toccarla, lei si stacca di dosso la mano e rimette Elvezio al suo posto, la testa abbandonata sul cuscino e le braccia spalancate sul materasso come in una crocifissione.

Non esiste accelerazione in questi loro incontri, così come non esiste nulla che dipenda da lui; tutto segue un ritmo compassato e costante. Elvezio dietro le palpebre chiuse intravede un bosco lussureggiante, sempre lo stesso, e nel mezzo del bosco qualcosa che è il fulcro di tutto il resto.

Radici come vene, acqua che penetra nel terreno e viene risucchiata, fluidi dai colori così accesi da sembrare fluorescenti scorrono dietro a una corteccia sempre più spessa e rugosa, rami secchi che cadono, marciscono e vengono riassimilati tornando in circolo. L'Albero cresce, lento ma con la forza della perseveranza, l'Albero nutre se stesso e anche qualcos'altro, qualcosa che resta nascosto ma intanto respira e il suo fiato si espande anche oltre il bosco, penetra nei vicoli, entra nelle case. Al centro di questo movimento perenne, due buchi nella corteccia, ferite di molti anni fa che ormai si sono rimarginate.

«Torna da me» gli bisbiglia Nives all'orecchio, ed è in questo momento che Elvezio realizza di essere prossimo a venire.

Nives inarca la schiena, poi scatta in avanti come una canna che riprende la sua naturale inclinazione dopo essere stata piegata dalla corrente.

Si china su di lui ed Elvezio riconosce il tipico odore che riporta con sé dal vagare notturno nel bosco a inizio primavera. Ogni inverno gli pare di dimenticarlo per poi ricordarlo di nuovo.

La pelle di Nives sa di terra e muschio e resina, ed è

tramortito da questo miscuglio che Elvezio, come sempre, si lascia andare all'orgasmo, per poi sprofondare subito in un sonno denso e agitato.

Domattina avrà le idee confuse, e ricordi già sbiaditi di tutto quel che è successo dopo che Nives è rincasata.

L'ordine è segno tangibile del divino, non c'era spazio per il caos nel paradiso terrestre: questo è quello che pensa don Ettore, questo il motivo per cui non accetta che in chiesa o in sagrestia ci sia qualcosa fuori posto.

Una giustificazione per non ammettere neanche a se stesso che, al di là dell'ordine divino, quello terreno riesce a sedare le sue inquietudini, lo illude che sia possibile tenere tutto sotto controllo.

Grazie a Marisa e alla sua instancabile abnegazione chiesa e sagrestia ora hanno l'aspetto che don Ettore immaginava quando vi ha messo piede per la prima volta.

C'è solo una cosa che ancora non lo soddisfa: nonostante l'uso frequente di incenso tutti i locali di sua competenza sono impregnati di uno strano odore.

Lo ha avvertito appena giunto a Roccasa: un puzzo come di bruciato, tanto da aver pensato che qualcuno nelle campagne adiacenti stesse facendo un falò di sterpaglie, o di vecchia mobilia.

Ma adesso, resosi conto che l'odore non se n'è mai andato e che nessun falò può bruciare così a lungo, ne chiede conto a Marisa.

«Se devo dire la verità, Padre, io non lo sento, ma può anche darsi sia la forza dell'abitudine. I forestieri che passano di qui però spesso domandano da dove venga. Non che siano poi molti, abbiamo pochissimi contatti con l'esterno e di solito siamo noi a uscire, non gli altri a venire a Roccasa. Per esempio, tutta la nostra corrispondenza viene raccolta nell'ufficio postale del paese di fianco, e una volta a settimana andiamo a ritirarcela. In ogni caso, dicevamo: l'odore c'è sempre stato, se ne parlava già quando io ero solo una ragazzina. A quei tempi, se non sbaglio, giravano anche diverse spiegazioni sulla sua origine. Qualcuno diceva che dipendeva dal pozzo, che là dentro c'era qualcosa che non andava, ma poi tutti hanno continuato a usarlo senza che sia mai successo nulla di strano. E poi c'erano quelli che per spiegare l'odore raccontavano storie terribili, frutti malsani di superstizioni popolari che grazie a Dio sono andate perse. Mia sorella sostiene che il vento che viene giù dal Severo e quello che viene da sud, soffiando in direzioni contrarie, in qualche modo si annullino, e impediscano al fumo dei comignoli di disperdersi… A proposito, ha conosciuto mia sorella, vero?»

«Sì, anche se non abbiamo avuto modo di parlare molto» risponde don Ettore, senza fare altri riferimenti all'imbarazzo di quell'incontro: aveva visto Marisa uscire dall'emporio, si era avvicinato per dirle qualcosa e solo quando la donna si era voltata si era reso conto che quella non era Marisa, e che metà del suo volto era sfigurata.

«Comunque» continua Marisa, «come le ho detto, io questo puzzo di cui parla non lo sento. E sono sicura che presto anche lei ci farà l'abitudine.»

«Immagino di sì» dice don Ettore, pur essendo convinto che quel che sente nel naso da mattina a sera non abbia nulla a che fare né col pozzo né con i comignoli di Roccasa.

Come gli accade sempre più spesso ha l'impressione che Marisa abbia appena recitato una parte, la *sua* parte, nella grande recita che il paese mette in scena di continuo per disinnescare le domande a cui non può, o non vuole, rispondere. Nei primi tempi pensava che fosse solo diffidenza verso di lui, o la riservatezza contadina a cui Marisa aveva tentato di prepararlo al suo arrivo, ma adesso ha la sensazione che non importa quanto tempo rimarrà qui, questa distanza non diminuirà mai. Un ostacolo insormontabile che complica non poco il suo ministero.

Una volta riordinata la sagrestia e con la chiesa tirata a lucido, chiede a Marisa quali fossero le abitudini di don Antonio riguardo agli orari di messa e confessioni.

«Il mio arrivo è già una grossa novità da digerire, vorrei turbare il meno possibile le vostre consuetudini» dice.

«Per le confessioni non c'era un momento stabilito, quando qualcuno si presentava don Antonio lo riceveva. Diceva che le porte della casa del Signore sono sempre aperte per chi è in cerca del perdono.»

Don Ettore la trova una pratica irrituale, ma tutto sommato innocua. A turbarlo è ciò che Marisa dice poi.

«Anche la messa non aveva un orario preciso, ma solitamente si teneva nella tarda mattinata della domenica.»

«Quanto tarda?» chiede don Ettore.

«Verso le undici. A volte poco prima, ma spesso più tardi.»

«Lungi da me criticare l'operato di chi mi ha preceduto, ma è un orario insolito per la principale funzione della settimana. Preferirei anticiparla di un paio d'ore.»

Marisa distoglie lo sguardo, come sempre quando si trova a parlare di qualcosa su cui preferirebbe tacere.

«Vede, Padre, da queste parti seguiamo orari tutti nostri. Avrà forse notato che di mattina presto nessuno degli uomini del paese si fa vedere in giro. Se lei dicesse messa alle nove è probabile che nessuno di loro si presenterebbe. La scelta è sua, si capisce, io le sto solo facendo presente come stanno le cose perché lei possa decidere a ragion veduta.»

«Sembrerebbe che questa sia la naturale conseguenza del frequentare la locanda fino a tardi.»

«Non posso negare che ai nostri uomini piaccia farsi un bicchiere dopo una giornata di lavoro, ma non credo che questo c'entri con ciò di cui stiamo parlando. Mio padre, per farle un esempio, era astemio. Eppure negli ultimi anni della sua vita anche lui passava notti travagliate, ed era solito svegliarsi con un tremendo mal di testa. Lo stesso don Antonio, che certo non era un forte bevitore, negli ultimi tempi aveva la tendenza a dormire la mattina e lamentava gli stessi sintomi. Se ha ancora qualche dubbio le consiglio di andare alla locanda una sera di queste, così potrà vedere con i suoi occhi che quel che dico è vero. Gli uomini di Roccasa hanno un mucchio di difetti, ma non quello di essere degli ubriaconi.»

«E quindi? Come si spiega, lei, la pigrizia e i mal di testa?»

«Be', si dice che...»

«Non le ho chiesto quel che si dice in giro, le ho chiesto quel che ne pensa *lei*.»

«Padre, non ho le competenze sufficienti per queste cose. Sono figlia di contadini, ho sempre vissuto qui...»

«Ma di certo non le fa difetto l'intelligenza, altrimenti non sarebbe la maestra del paese, quindi non posso credere che non si sia data una risposta.»

«C'è una bella differenza tra insegnare ai bambini a scrivere e a far di conto e ostinarsi a voler capire cose più grandi di noi. Pretendere tutte le risposte non è forse un peccato, Padre? Non è forse questo che ha condotto Adamo ed Eva alla cacciata dal Paradiso?»

«Per la messa proviamo con un compromesso, allora. Facciamola alle dieci» taglia corto don Ettore.

«Come vuole, Padre. Temo non servirà a nulla, come non serviva a molto aspettare fino alle undici, ma faremo come preferisce. Con permesso.»

La domenica successiva don Ettore si prepara a dire messa per la prima volta dal suo arrivo.

Nonostante le sue perplessità alla fine ha deciso di dare ascolto ai consigli di Marisa, e la funzione è stata mantenuta alle undici.

Qualche minuto prima, i paramenti non ancora indossati, si avvia verso il campanile per chiamare a raccolta i parrocchiani.

La notte precedente un temporale ha investito Roccasa, ha spazzato i tetti, scosso gli alberi, zittito gli animali. E ha pulito il cielo, che adesso è una tela azzurra senza bordi.

Qualcosa nella corda che pende dalle campane non va, non risponde come dovrebbe, e il suono non è cristallino.

Ma non c'è tempo di preoccuparsene adesso, ci penserà dopo la funzione.

Torna in chiesa, fiero dell'ordine e della pulizia che considera un'offerta di riconciliazione per una comunità che fino a ora lo ha sempre guardato in tralice. Spera apprezzeranno la nuova disposizione dei banchi, più vicini all'altare di come li ha trovati al suo arrivo. Spera capiranno che il suo desiderio di essere accolto è tutt'uno col suo desiderio di accogliere.

Ma quando è il momento di dare inizio alla messa in chiesa c'è una decina scarsa di persone, e sono tutte donne. Sparpagliate tra i banchi, divise l'una dall'altra.

Don Ettore spalanca le braccia.

«Avvicinatevi» dice. «Non c'è motivo di stare così lontane.»

All'inizio nessuna si muove. Poi, rallentate dalla timidezza, due o tre si alzano e avanzano di qualche fila, ma nessuna si spinge fino alla prima, né alla seconda, e nessuna si siede di fianco a un'altra.

Il gregge dei fedeli è un po' più compatto di prima, ma non ancora riunito.

Adesso che le donne sono più vicine riesce almeno a guardarle negli occhi per qualche secondo, prima che distolgano lo sguardo.

Quando si sono spostate ha notato la zoppia di una di loro, ha pensato a una caduta, a un piede messo in fallo durante il lavoro nei campi, alle prime avvisaglie dei reumatismi. Ma poi nota un occhio nero, un braccio tenuto al collo con una fascia di stoffa, l'espressione dolorante di una quando starnutisce, un naso gonfio tamponato con un fazzoletto.

La navata della chiesa sembra un ospedale.

Don Ettore legge le Scritture, fa una predica priva di passione, dà la benedizione e guarda il suo gregge malridotto lasciare la chiesa.

Le poche donne che si sono presentate sono venute alla messa come fosse un dovere, e dopo la benedizione se ne sono andate come fosse una liberazione.

Don Ettore scende tra i banchi, si siede nella prima fila, osserva il crocifisso di legno sopra l'altare. Non prega, cerca solo di mettere ordine nei suoi pensieri. Vorrebbe ancora una volta chiedere spiegazioni a Marisa, ma ormai sa che otterrebbe solo risposte evasive.

Si ripromette quindi di cambiare approccio, di provare a parlare direttamente con le donne che ha visto in chiesa, e si avvia al campanile.

Sale i ripidi gradini di legno e si rende conto che la cella campanaria è l'unica zona della chiesa che ancora non ha visitato, misurato, riordinato.

A metà della scala guarda su e intravede qualcosa di scuro che avvolge una delle due campane. Solo una volta arrivato in cima capisce che si tratta di una vecchia coperta consunta, forse sollevata dal vento della sera prima e finita con l'incastrarsi lassù.

E la coperta non è l'unica cosa che trova in cima al campanile. C'è un foglio di giornale con sopra i resti di un pollo o un coniglio, assediati da due file di formiche: una si avvicina ai brandelli anneriti di carne avanzata, l'altra li trasporta via.

C'è un fazzoletto di stoffa, croccante di muco o lacrime.

C'è una bottiglia di vetro con dentro tre dita di acqua

putrida, c'è una vecchia Bibbia, probabilmente la stessa di cui Marisa lamentava la scomparsa.

C'è un crocifisso appeso a un chiodo piantato nella trave di legno che sorregge le campane.

E c'è un piccolo quaderno nero, le pagine gonfie dell'acqua che è piovuta dentro dalle bifore.

Sembra che qualcuno, si presume don Antonio, abbia passato parecchio tempo lassù, che ci abbia anche dormito.

Don Ettore si sporge dalla bifora e guarda giù con un lieve attacco di vertigini.

Immagina il vento freddo di quella notte, la parabola del corpo di don Antonio, il vuoto e poi lo schianto.

Dalla bifora, però, la vista è splendida: le chiome degli alberi come un tappeto spesso, un tappeto che verso ovest si interrompe per far posto ai tetti del paese, ma che verso nord prosegue folto e indisturbato fino alle pendici del monte Severo.

In una giornata tersa come questa riesce difficile pensare che qualcuno abbia usato il campanile come trampolino, commettendo un peccato per cui esiste forse il perdono postumo davanti al Signore, ma non la penitenza nel confessionale.

Don Ettore libera la coperta dall'abbraccio con la campana, la piega in una specie di fagotto.

Ci infila dentro il giornale appallottolato, la bottiglia, il fazzoletto.

Poi mette il crocifisso al collo, Bibbia e quaderno in tasca.

È un passaggio di consegne, o forse un contagio.

Inizia a scendere le scale, attento a dove mette i piedi,

senza mai guardare in alto. Si augura che la campana non dia altri problemi costringendolo a tornare di sopra, perché nonostante il panorama, nonostante il campanile sia anch'esso parte della casa del Signore, il tempo passato lassù gli ha messo addosso i brividi.

La mattina dopo decide di approfondire l'origine di tutti gli infortuni che tanto lo hanno turbato durante la messa.

Si sveglia presto e dopo le lodi mattutine esce dalla sagrestia.

Una alla volta incontra tutte le donne che il giorno prima erano in chiesa, e quel che nota ha del miracoloso – o del diabolico.

Quella che ieri zoppicava ora cammina spedita verso il pozzo, l'occhio pesto di un'altra adesso è aperto e sgonfio, il braccio che stava appeso al collo regge una cesta ricolma di uova.

Degli infortuni e dei dolori di ieri non è rimasta traccia.

«Ci pensi mai ad andartene da qui?»

Teresa e Marcello sono seduti sulla riva dell'Anguilla, un centinaio di metri più a nord dei due ponti, dove le sponde sono larghe e l'acqua più profonda, un rigonfiamento nel profilo del fiume a cui tutti qui si riferiscono come "la pancia dell'Anguilla".

Entrambi lo considerano il loro posto, pur senza esserselo mai detto. Ci vengono ogni volta che hanno voglia di passare un po' di tempo da soli, lontani da fratelli minori e amiche, dal paese nel suo complesso. Nonostante i litigi, nonostante intraveda in Marcello cambiamenti che la spaventano, Teresa è più affezionata a lui che a Evelina. È sempre stato così, fin da quando erano piccoli. Se ha una confidenza da fare, è a lui che si rivolge.

«Non ci ho mai pensato molto, credo» risponde Marcello. «Tu sì?»

«Ogni tanto. Con tutti i posti che ci sono da vedere...»

«Ma perché, proprio non ti piace qua? Mio padre dice che chi se ne va da Roccasa prima o poi fa una brutta fine, come quella donna partita anni fa.»

«Lo vedi? La verità è che a nessuno piace stare qua, e se non se ne va è solo perché ha la testa piena di paure. Già questo è un buon motivo per scappare, per andarsene lontano, a conoscere gente nuova e meno superstiziosa.»

Teresa è seduta, si abbraccia le ginocchia; Marcello è in piedi, di fianco a lei, e lancia sassi piatti e lisci cercando di farli rimbalzare sulla superficie dell'acqua.

«Tanto le persone sono uguali dappertutto» dice mentre guarda il sasso rimbalzare per sette volte.

Il cielo ha il colore delle cimarelle che proprio in questi giorni stanno fiorendo nel sottobosco, e anche il fiume, riflettendolo, assume la stessa tinta. Così come riflette le nuvole che passano sulle teste dei due ragazzi, da sud a nord, e che sembrano pesci pigri e oblunghi che nuotano appena sotto la superficie dell'acqua.

A volte a Teresa sembra che il tempo passi lento come quei pescinuvola, le sembra di vivere in un eterno presente e che la sostanza delle cose non muti mai. Non importa che le foglie cambino colore, che cadano a terra, che vengano sostituite da nuovi germogli, l'albero resta sempre lo stesso, diverso eppure immobile.

Altre volte invece il tempo le sembra accelerare come un animale che si infila fulmineo nel bosco, senza che tu riesca a capire di che bestia si tratti.

«Forse sì, forse la gente è simile ovunque. Ma i posti invece no» dice Teresa. «Sai come si dice, no? "Ogni freccia che vola sente la terra che l'attrae." E visto che la terra non è tutta uguale magari ha influenze diverse sulle persone. Pensa a don Ettore, te lo ricordi quando è arrivato?»

«Me lo ricordo, sì, era il giorno delle macchie di sangue...»

Teresa teme che Marcello stia parlando di lei, invece dice: «... di don Antonio».

«E come ti è sembrato, quel giorno?»

«Quel giorno io non l'ho visto bene, quando è uscito dalla chiesa io ero... noi eravamo già andati via.»

«Ah, già, *voi* siete scappati. Be', allora, quando lo hai visto, dopo, come ti è sembrato?»

«Come uno che arriva in un posto nuovo e ha voglia di conoscerlo.»

«E adesso, come ti sembra?»

«Normale, mi pare.»

«Normale? Ma lo hai guardato bene? Lo hai guardato negli occhi? In questo paese succedono cose orribili e tutti fate finta di no. Perché non ci credo che non lo sapete, basta guardarsi attorno.»

«Il tuo problema è che ti fai troppe domande, Teresa. Mio padre dice che...»

«Mio padre dice, mio padre pensa… Tutto quello che dici te l'ha imboccato qualcuno, e te l'ha talmente ficcato in testa che non te ne accorgi neanche più. E lo sai cosa succede dopo? Succede che a forza di parlare come loro, un po' alla volta *diventi* come loro. O forse hai già cominciato a farlo.»

«Diventare *cosa*? Non sarà invece che sei tu a ripetere quello che ti ha ficcato in testa tua madre? Non sarà che sei tu che ti stai preparando a diventare una…»

«Non sono io il problema! Ci conosciamo da quando siamo nati, una volta non avevamo neanche bisogno di parlare per capirci, ma poi ti è successo qualcosa e non ti riconosco più. Quindi te lo chiedo per favore: spiegami cosa ti prende, e se è la stessa cosa che succede a tutti gli uomini di questo paese quando inizia a fare buio.»

«Ma non c'è niente da spiegare, quelle sono solo fàrfule da vecchie rimbambite!»

Teresa si alza, scuote la gonna.

«Forse non abbiamo più niente da dirci, io e te.»

Marcello la guarda allontanarsi. Sente che ha perso qualcosa, ma che non c'era modo di evitarlo.

Raccoglie un sasso, lo lancia verso l'acqua, immaginando Teresa in piedi in mezzo all'Anguilla, immersa fino alle cosce, e il sasso che, un rimbalzo dopo l'altro, sta per colpirla.

4

Alcuni dei più giovani pensano che qualcuno abbia bussato alle loro finestre, pensano a uno scherzo, o a un petardo.

I più vecchi, segnati dal passato, quando si svegliano spalancano gli occhi e con le lingue ancora intorpidite dal sonno mormorano: «No, non di nuovo, per favore, non di nuovo».

Tutti quanti aspettano, distesi immobili incerti, nella speranza di capire cosa sia il rumore che li ha svegliati, e quando la notte torna a farsi silenziosa si mettono in piedi, si vestono in fretta ed escono di casa.

«L'hai sentito anche tu?»

«L'ho sentito eccome, anche se all'inizio credevo di essermelo sognato.»

Le porte continuano ad aprirsi, Roccasa si raduna, e non può esistere un sogno così largamente condiviso.

«Dici che era come il...?»

«No, troppo breve, e poi la terra mica ha tremato.»

«E allora?»

«Non so.»

«Guardate, il fumo!»

«Ma dove?»

«Non badargli, quello secondo me è ancora mezzo addormentato.»

«Il fumo, c'è del fumo, vi dico! Là, dietro le spalle del Severo!»

«Io non lo vedo mica.»

«Neanche io. Altro che addormentato, quello è giando dalla nascita, sempre detto.»

«Ha ragione, c'è del fumo che sale là dietro.»

«Visto? L'ho detto subito io che era una bomba, e tutti a darmi della fanatica, e invece quello era, una bomba.»

«Ma quale bomba, chi vuoi che ci bombarda a noi?»

«Bisogna che andiamo a vedere, chi viene?»

«Io sono zoppo, ad arrivare fin là ci metto tutta la notte...»

«Non sono neanche vestito, voi intanto andate che poi vi raggiungo.»

«Sul mio furgone ci stiamo in sei o sette, e ho idea che tanto non saremo molti di più. Chi vuole venire aspetti qua, torno subito.» Elvezio parte di corsa, tenendosi il cappello con una mano taglia i campi e punta verso casa.

«Sarà mica stata colpa della sarachìa?»

«Se ha tutta 'sta fretta di andare a vedere mi sa che la moglie non c'entra, per una volta.»

Passano un paio di minuti ed ecco i fanali del furgone di Elvezio che si fanno sotto. Quattro uomini salgono sul cassone, lasciandolo solo nell'abitacolo. Tutti gli altri restano lì, ad aspettare e confabulare.

Il furgone aggira il bosco occidentale, e superato il passo ai piedi del monte Severo gli uomini vedono chiaramente la colonna di fumo, smilza e densa, che sale verso la luna crescente.

Devono però avvicinarsi ancora, abbastanza perché l'odore inizi a pizzicargli il naso, per capire che cosa sia ad aver preso fuoco.

Sul bordo della strada, che risalta bianchissima nella luce della luna, c'è un rottame ormai del tutto avvolto dalle fiamme. Due ruote, un telaio dalle linee sinuose, un fanale tondeggiante davanti.

Nessuno ne ha mai vista una dal vivo, ma uno degli uomini l'ha contemplata ritratta, scintillante, su una locandina pubblicitaria, e un altro ne ha sentito parlare.

«Si chiama col nome di un insetto, mi pare. Dicono che in città tutti ne vogliono una, oramai.»

«Visto come tiene la strada, non so mica se gli conviene.»

«Cosa dite che è successo?»

In tutta risposta gli uomini si sparpagliano, alla ricerca di tracce.

Trovano un segno profondo su un tronco, una decina di metri più a nord, e appena prima lo sbaffo di un'inchiodata sul fondo stradale.

«A occhio ha provato a frenare, ha sbattuto contro l'albero e poi è andato giù.»

Dal tronco fino al cippo di confine, una pietra ormai illeggibile e ricoperta di muschio che segnala l'inizio del paese per chi viene da nord – e che ha rappresentato la fine del viaggio per il veicolo e il suo conducente – c'è una strisciata scura e a forma di molla che sporca il biancore della strada.

Finito il sopralluogo gli uomini si avvicinano al cippo e alla doppia carcassa, meccanica e umana, che non smette di bruciare usando carne e benzina come combustibile.

«Brutta fine.»

«A me non c'è niente che mi fa più paura di morire bruciato.»

«Mica è morto bruciato, questo. Se non l'ha ammazzato l'albero ci avranno pensato la strada o la botta sul cippo, ma stai sicuro che quando è andato tutto a fuoco lui era già secco.»

«Adesso però meglio che lo spegniamo, ci manca solo che prende l'erba secca e le sterpaglie, sale su per la schiena del Severo e ce lo troviamo dietro casa.»

Elvezio si muove, recupera una tanica dal furgone, va a riempirla nell'Anguilla e la rovescia sopra i resti carbonizzati. Non basta, servono altri viaggi, avanti e indietro, ma alla fine le fiamme sono domate. Resta però l'odore, carne gomma plastica benzina, un miscuglio nauseabondo da cui gli uomini si tengono al riparo restando sopravvento.

«Chi era secondo voi?»

«Non si capisce neanche più se era uomo o donna, cosa vuoi...»

«Brutta, bruttissima fine.»

«Ma come ha fatto ad andare a sbattere? La strada è dritta, e stanotte c'è anche abbastanza luce. In più, vista l'ora, non credo ci fosse nessun altro in giro.»

«Magari ha avuto un colpo di sonno, o si è sentito male.»

«Oppure una bestia gli ha attraversato la strada.»

«Ecco cosa succede, a essere troppo buoni: per salvare la vita a un coniglio va a finire che mandi a scoperchio la tua.»

«Mica detto che era un coniglio. Magari un orso, o un cinghiale.»

«Se becchi un cinghiale ci sono solo due possibilità: o finisci male tu, oppure ti riesce di rimediare una cena.»

«Adesso invece io rimedierei una dormita, che tanto qua non c'è altro che possiamo fare.»

Lasciano le due carcasse a raffreddarsi sotto la luce languida della luna, tornano in paese, dove raccontano quello che hanno visto.

«Ma cosa ci veniva a fare a Roccasa in piena notte?»

«E che ne so, mica ci abbiamo parlato. Troppo abbrustolito.»

«Io dico che non portava niente di buono, solo uno che ha qualcosa da nascondere si mette in strada a quest'ora.»

«Se è per questo, qua non viene nessuno neanche di giorno, oramai.»

«So ben io cosa è successo. È la bogonea che funziona nei due sensi, sia che provi ad andartene, sia che provi a entrare. È successo a don Antonio, e adesso a questo disgraziato, va sempre a finire così.»

«Giusto, infatti si è schiantato proprio sul cippo, forse qualcosa non voleva farlo entrare…»

«Ogni cosa che succede in questo paese siete pronte a tirare fuori superstizioni e strane idee. Io dico che quello era solo un borchio che si è andato a schiantare. E adesso sono stanco e me ne vado a letto.»

L'idea conquista molti dei presenti, che si avviano verso le proprie case. Il capannello si restringe, solo una decina di donne restano ancora per un po' a fare ipotesi, a far passare abbastanza tempo perché gli uomini ripiombino nel sonno.

E poi anche loro si disperdono, e riportano con sé sotto le lenzuola l'ennesima riprova che Roccasa è come racchiusa in un bozzolo, delicato ed elastico insieme, e che tentare di violarlo, da dentro o da fuori non fa differenza, è una pessima idea.

1910

Nel mezzo di una notte di febbraio, Roccasa trema.

I primi ad accorgersi che qualcosa sta per accadere sono gli animali, mostrano segni di inquietudine già dal primo pomeriggio.

La mattina di quello stesso giorno il nonno di Elvezio, unico veterinario della zona come anni dopo il nipote, ha rimediato un calcio da una cavalla solitamente assai mite, e in seguito ha notato che tutti gli animali della vallata – maiali e galline nelle aie delle case, ma anche uccelli e scoiattoli nel bosco – si comportano in modo anomalo. Alza lo sguardo pensando si stia avvicinando un temporale, ma l'azzurro si stende a perdita d'occhio. Quando è ora di coricarsi il cielo è ancora sereno, tranne rare nuvole, sparse e rapide.

Durante quello stesso pomeriggio, mentre il livido sul fianco del nonno di Elvezio non smette di pulsare, una decina di uomini di Roccasa si sta preparando per una battuta di caccia al cinghiale sulle pendici del monte Severo. Hanno in programma una braccata, ma quando coi fucili pronti e le fiaschette riempite di grappa si avvicinano al recinto dei cani li trovano ululanti e tesi. In questo stato non sono d'aiuto, e anzi rischiano di allertare le prede rendendo vani gli appostamenti. Perciò gli uomini decidono di lasciarli nei recinti e cambiare strategia, utilizzando le altane di legno costruite sui rami più robusti degli alberi, in corrispondenza dei sentieri battuti dai cinghiali.

Si inoltrano nel bosco e perdono subito un elemento: Luigi dice di non sentirsi bene.

«Cos'hai?» gli viene chiesto.

«Non so, ho la pancia a scoperchio; andate voi, io meglio se vado a letto» risponde.

Torna quindi sui suoi passi, entra in casa, chiude la porta con il chiavistello, si accorge che sta tremando e non è sicuro sia colpa solo del freddo.

«Borchio cacasotto» ridono gli altri nove, «appena ci sono di mezzo i cinghiali gli viene qualcosa.» Si dividono in cinque gruppi, quattro coppie più Sandrone, che annuncia di voler occupare l'altana a nord, la più vicina alle pendici del monte Severo.

«Se scendono li spingo giù, verso di voi, che in coppia avete più probabilità di prender qualcosa» dice.

Si avvia, attento a non fare rumore. Gli altri otto occupano le restanti altane, il sole finisce di sparire dietro la tenda degli alberi del bosco orientale.

I cacciatori restano appostati per un'ora, la temperatura già rigida scende di qualche grado. Nel chiarore della luna adesso si intravedono gli sbuffi di condensa del loro respiro. Qualcuno trattiene uno starnuto, un altro tossisce con la bocca premuta contro l'incavo del braccio per non farsi sentire dalle prede.

Le fiaschette di grappa passano di mano in mano, tra

racconti di caccia e di conquiste tra le lenzuola, sibilati e ingigantiti per fare colpo sul compagno di altana.

Dei cinghiali, intanto, nessuna traccia.

Sandrone, imbozzolato in una coperta di lana pesante senza nessuno con cui parlare, nota che i versi che si inseguono nel bosco non appartengono solo agli uccelli notturni come ci si potrebbe aspettare, ma anche a specie che a quest'ora dovrebbero essere più quiete.

Mentre si domanda cosa questo possa significare, il faggio su cui è appostato trema per un paio di secondi. Il tempo di chiedersi se sia stata solo un'impressione, e tutto il faggeto inizia di nuovo a scuotersi, un fremito dalle radici alla sommità delle chiome.

Sandrone cerca di alzarsi, ma l'altana sotto i suoi piedi ondeggia e gli fa perdere l'equilibrio.

Bestemmia, Sandrone, e urla, ormai incurante dei cinghiali e della battuta di caccia. Una voce gli risponde dal buio: «Terremoto! È il terremoto! Tutti giù, tutti giù, presto!».

L'intontimento della grappa abbandona i cacciatori, che scendono le scalette delle altane, sgomitando per mettersi in salvo per primi. Nella discesa perdono fucili, cartuccere, cappelli, fiaschette, lasciano tutto lì dove è caduto, troppo spaventati per curarsi degli oggetti. Toccano terra e iniziano a correre fuori dal bosco, verso Roccasa, dove le luci nelle abitazioni si stanno accendendo, e le urla delle donne e dei bambini testimoniano che il terremoto non è stato un'allucinazione collettiva dettata dal vino, né un sogno.

Sandrone scalcia la coperta, appoggia il piede sulla scala ma il terremoto ha indebolito la corteccia del faggio, squamandolo come un grosso serpente durante la muta. Il chiodo che regge il piolo cede, Sandrone si aggrappa con le mani al pavimento dell'altana, una gamba dondolante nel vuoto.

Si issa con le braccia, uno stormo di uccelli in cerca di rifugio gli passa a pochi metri dalla testa. C'è un rumore secco quando uno di loro, in preda al panico, va a sbattere contro il tronco. Sandrone sente le ali frullargli tra i piedi, poi l'uccello precipita nel buio di sotto.

Il terremoto sembra placarsi, con un ultimo brontolio profondo che fa vibrare il faggio. Con il respiro corto Sandrone guarda quel che resta della scala: i primi tre o quattro pioli a partire dalla cima – al buio è difficile capire quanti – non ci sono più. Per riuscire a scendere dovrebbe lasciarsi penzolare e cercare con la punta del piede il primo piolo ancora al suo posto, senza alcuna garanzia che questo regga il suo peso.

Ed è allora che Sandrone sente, fin dentro allo stomaco, il rombo della montagna che si sfalda.

Una enorme scheggia del versante sud, ai margini del quale sorge il bosco dove i cacciatori si sono appostati, si stacca dal corpo del monte e inizia a scivolare a valle, falciando i tronchi che incontra.

Il rumore della pietra che sfrega sulla pietra gli fa venire la pelle d'oca e lo spinge a muoversi: come chi abbandona un palazzo in fiamme gettandosi fuori dalla finestra, Sandrone tra la frana e il vuoto sceglie il secondo.

Abbraccia goffamente il tronco del faggio cercando di calarsi, il panico gli fa perdere la presa, e dopo tre metri di caduta atterra di schiena. Un roveto attutisce l'impatto, graffiandogli le braccia attraverso la giacca e il maglione ma forse salvandogli l'osso del collo.

Sandrone fatica a respirare perché l'urto sembra avergli compresso la gabbia toracica, sente che sta per svenire, cerca di farsi forza.

Non ci sono più stelle, solo polvere che gli entra in gola e si arrampica su per il naso. Tossendo Sandrone si accorge di un dolore che si sta diramando lungo la schiena, segno che il roveto non è stato sufficiente a risparmiargli del tutto l'impatto contro il terreno.

Mentre la polvere si dirada, riesce a mettersi seduto.

Ha attorno un paesaggio lunare come la luce che lo illumina. Una polvere chiara, proveniente dalle viscere della montagna, ha ricoperto tutto ciò che lo circonda, avvolgendo in un sudario alberi, cespugli, il suo stesso corpo.

Mani, braccia, gambe, torso, tutto dello stesso colore sabbioso.

Portati dal vento arrivano dalla pendice sventrata del monte gli ultimi ghiaiosi smottamenti. Poi – Sandrone prega che sia definitiva – torna la calma.

Tossisce un altro po', si batte le mani sulla giacca sollevando nuvolette bigie.

Sta per mettersi in piedi, ed è allora che la vede.

A una ventina di metri di distanza, ricoperta di detriti e ansante come lui, gigantesca.

Solo quando si avvicina, quando il suo odore gli giunge alle narici e riesce a guardarla dritta negli occhi, Sandrone si rende conto che non si tratta di una bestia conosciuta, ma di qualcosa che non ha mai visto prima.

Quando bussano alla porta Dora è ancora sotto il letto, dove si è rifugiata appena ha capito che la terra stava tremando. Sussulta, striscia fuori.

«Chi è?» chiede con la mano sul chiavistello.

«Apri, Dora, sono io» dice una voce rantolante.

La prima cosa che Dora chiede quando se lo trova davanti è cosa sia quella polvere chiara che lo ricopre dalla testa ai piedi, rendendolo simile a una statua.

«La montagna...» risponde Sandrone dopo tre o quattro respiri lunghi e sibilanti, «la montagna è venuta giù.»

Si lascia cadere su una sedia, una smorfia di dolore che deforma i lineamenti e al contempo li libera almeno in parte dalla polvere, creando crepe sotto cui si inizia a vedere di nuovo la sua pelle.

Dora prende una bacinella e una pezzuola, pulisce il viso del marito. Quando lo ha riesumato dalla polvere, scoprendolo di un pallore non troppo diverso da prima, inizia a svestirlo, con cautela, come se gli abiti fossero quello che lo tiene assieme e rimuoverli rischiasse di farlo cadere in pezzi.

Scopre i lividi lunghi che gli attraversano la gabbia toracica, i graffi sul collo, la caviglia così gonfia che il malleolo non si vede più.

Sandrone la lascia fare, sembra che quando inspira ci sia qualcosa che lo costringe a espirare all'istante. E scotta, Dora lo sente anche attraverso il panno umido che gli passa sulle spalle, sul petto, sulle gambe. Una grossa bambola, irsuta e bollente, ecco cosa le sembra di maneggiare.

Quando l'ha ripulita del tutto la riveste per la notte, la

aiuta a rialzarsi mettendole un braccio sopra le spalle, la fa sedere e poi stendere sul letto.

Adesso che Sandrone sembra più tranquillo, gli chiede cosa sia successo di preciso, a lui e ai suoi compagni della battuta di caccia.

Lo sguardo di Sandrone vaga sul soffitto, il bianco degli occhi che a sprazzi prende il sopravvento sull'iride.

«La montagna è venuta giù» ripete. «Son caduto dall'altana, se non c'era un cespuglio sotto mi sa che mi ammazzavo. C'era polvere dovunque, non si vedeva niente, e poi invece ho visto qualcosa. Una bestia, ma non so mica che bestia fosse. Non era un orso, né un lupo o un cinghiale. Ci siamo guardati, e poi non so per quanto tempo non ero più lì, cioè ero sempre lì ma molti anni prima. C'era un gruppo di uomini con barbe e capelli lunghi. Non uomini proprio come noi, più selvaggi, tutti gobbi, e vestiti di pelli. Alcuni correvano su per il monte, tenendo in mano fiaccole e armi con la punta di pietra. E poi ce n'erano altri, che si sono alzati in piedi all'improvviso, là sulla cima. Fino a quel momento dovevano essere distesi nel buio, ma adesso invece facevano gesti a quelli più sotto, indicando la strada. E il monte non era il monte Severo che conosciamo noi. Mi sono accorto che c'era qualcosa di diverso nella forma, lassù. Un pezzo che adesso non c'è più. E poi c'era una specie di sentiero ripido, che dal basso risaliva in diagonale e andava su, fino a una cengia affacciata sul nulla, una cinquantina di metri al di sotto della cima.»

«Hai per caso battuto la testa, cadendo dall'altana?» chiede Dora interrompendolo.

«No, solo la schiena. E storto la caviglia» risponde Sandrone che non coglie il sottinteso, e poi ricomincia a raccontare.

«Gli uomini in basso gridavano, suoni strani che non riuscivo bene a capire. Non erano proprio parole, ma versi, più simili a quelli di un animale che di un uomo. E le figure in alto rispondevano, con voci più acute. Ci ho messo un poco a vedere che quelle lassù erano donne. Le ho viste sollevare le braccia al cielo, e ognuna aveva in mano qualcosa. Pezzi di montagna, credo, grossi come zucche. Poi ho sentito la bestia, la stessa che avevo incontrato oggi, dopo il terremoto. Era tutto così strano, non capivo più cosa era successo prima e cosa dopo, era come se tutto mi si rimescolasse in testa. La bestia doveva essere ferita, faceva un rumore liquido, come con la bocca piena di sangue. Eppure correva, sentivo il suo ansimare nel sottobosco alla mia destra, poi alla mia sinistra. E gli uomini con le lance, sempre più vicini e sempre più numerosi, che le tagliavano la strada, eccitati dal sangue. Ad alcuni sembrava di inseguire un animale, ad altri una creatura uscita da un incubo, ma tutti ne annusavano l'odore, anche a molta distanza.»

«Non ci sono uomini vestiti di pelli sul monte, lo sai, vero? E come fai a sapere cosa pensavano? Lo capisci che tutto questo non ha senso?»

«Non ci sono oggi, ma allora sì. E non so spiegare come faccio a sapere quel che pensavano, ma io ero lì, ero con loro. Vedevo la caccia da fuori, ma insieme ne facevo parte. Come in una specie di sogno, solo che ero sveglio. La bestia ansimava sempre più affannata, con i cespugli che le graffiavano i fianchi e il muso spalancato a cercare aria. I versi degli uomini mi mettevano paura quasi quanto la bestia stessa. Non sapevo decidere chi fosse più selvaggio, se i cacciatori o la preda. E in certi momenti mi sembrava che tutto era al rovescio, che chi inseguiva senza accorgersene era inseguito, non lo so spiegare bene. Comunque, le donne sulla cima intanto avevano iniziato a sbattere le pietre che avevano in mano sulla nuda roccia del monte. Colpi secchi, ritmati e ossessivi, che si propagavano in tutta la valle. Volevano far impazzire la bestia, credo, ma il risultato è che quel suono faceva impazzire un poco anche loro, e anche gli uomini in basso, eccitandoli.

«La bestia, circondata e sanguinante, non trovando dove scappare, alla fine ha preso il sentiero sul versante della montagna, senza immaginare che quella via non portava da nessuna parte. Si è ritrovata sulla cengia, una macchia scura sulla pietra chiara del monte illuminato dalla luna. Si è guardata attorno, sbavando. La strada da cui era salita adesso era piena di uomini che le impedivano la discesa, e lo strapiombo davanti a lei era troppo ripido per cercare di fuggire da quella parte. La bestia sembrava pensare. Si è voltata verso gli uomini e ha strusciato una zampa sul terreno. Adesso lei sapeva che da lì non sarebbe discesa viva, e gli uomini sapevano che nello scontro qualcuno di loro sarebbe stato ferito o sarebbe precipitato di sotto, facendo la stessa fine della bestia.

«È stato allora che dal basso è arrivato un urlo più forte degli altri, un ordine, si sarebbe detto. E dall'alto è iniziata la pioggia di pietre.

«Gli uomini fuggivano giù per il sentiero, si spingevano per evitare di essere colpiti. Qualcuno, caduto, veniva calpestato e gridava. E gridava anche la bestia, mentre le pietre la ricoprivano un po' alla volta. Tutto è durato non più di un minuto, e quando gli ultimi sassi hanno finito di rotolare giù dal pendio è sceso un gran silenzio.

«Le donne sulla cima hanno iniziato a sporgersi, a guardare giù per capire se l'animale era stato davvero intrappolato e sconfitto. Un uomo, il capo o forse solo il più coraggioso, ha iniziato allora a risalire il sentiero, la lancia alzata sopra la spalla. Solo due lo hanno seguito, con cautela, qualche metro dietro.

«Il capo si è avvicinato al mucchio di pietre, poi ha allungato una mano, ha spostato un grosso sasso per aprirsi un passaggio. Si è girato, ha fatto cenno a tutti gli altri di avvicinarsi. Vista la loro paura ha ringhiato qualcosa, e quelli lo hanno raggiunto. Ha infilato una mano nel buco, l'ha tirata fuori e l'ha annusata. Poi l'ha fatta vedere agli altri, l'ha fatta annusare anche a loro. Era ricoperta del sangue della bestia che da tempo cacciava gli uomini, nutrendosi dei più lenti tra loro.

«Il capo ha alzato la mano verso il cielo, verso le donne sulla cima. "Ya!" ha urlato, ed era il primo suono quasi umano che gli sentivo fare. "Ya! Ya!" hanno risposto le donne, e hanno iniziato a festeggiare con una specie di danza. Tre passi laterali a destra, poi un salto sul posto, tre passi a sinistra, poi un salto sul posto. Si muovevano tutte insieme, sembravano quelle figurine di carta che si ritagliano da un foglio piegato per far contenti i bambini.

«Ancora tre passi a destra, poi un salto sul posto, tre passi a sinistra, poi un salto sul posto, ed è allora che tutto è andato a scoperchio. Le donne hanno smesso di ballare di colpo, immobili come statue. Non so se per colpa delle pietre che avevano raccolto, o del ballo, o magari della maledizione della bestia seppellita, ma tutto il costone sulla cima si è sbriciolato sotto di loro. Ho visto precipitare la prima, e poi dietro anche tutte le altre, unite nella caduta come lo erano state nei festeggiamenti.

«Gli uomini in basso all'inizio non hanno capito cosa stava succedendo, ma poi qualcuno deve aver visto qualcosa, perché ha fatto un fischio, e sentendolo tutti sono scappati giù, di nuovo spingendosi e calpestandosi.

«Quei corpi che cadevano, Dio mio, sembravano stracci. Qualcuna è andata giù dritta, altre prima hanno rimbalzato sulla cengia, sbattendo le teste sulle pietre, rompendosi gambe e braccia con degli schiocchi che non mi dimenticherò mai, ma tutte quando arrivavano giù erano poco più che poltiglia.

«Gli uomini si sono messi a controllare i corpi, per vedere se qualcuna se l'era cavata. Ma dopo un volo del genere non c'era nulla da fare, per nessuna di loro. Gli uomini allora piangevano e si strappavano i capelli.

«Io invece ho guardato su, per vedere se qualcuna si fosse magari aggrappata a una sporgenza, e in quel momento ho capito perché prima la montagna mi sembrava diversa. La Mugnaia, prima mancava il profilo della Mugnaia! E adesso che una parte della cima era venuta giù, eccola invece, addormentata come noi la conosciamo. Anche in mezzo a tutti quei grugniti di dolore e a quei corpi maciullati, non so perché ma la cosa mi ha commosso. E mi ha anche fatto tornare in mente il terremoto, e che prima, cioè dopo, cioè insomma nel giorno in cui io e te stiamo parlando, io avevo visto la Mugnaia sgretolarsi per colpa della scossa. In una sola notte avevo visto la sua nascita e la sua morte, e forse non solo la sua. A quel punto mi è anche tornata in mente la caduta dall'altana, l'incontro con la bestia, insomma le cose si sono rimesse in ordine, una dietro l'altra. Sono tornato in me e ho capito che avevo vissuto tutta la caccia negli occhi della bestia, che era stata lei a trasmettermi ricordi di centinaia di anni fa. E sono tornato a oggi, sotto il faggio, davanti alla bestia uscita fuori per colpa del terremoto, e i suoi occhi erano ancora lì, fissi nei miei. Dentro adesso ci vedevo trionfo per la libertà, una sfida ai discendenti di coloro che l'avevano cacciata, e poi cose che, buon Dio, cose che non sono capace nemmeno di raccontare. Cose orribili, successe ancor prima della caccia, ancor prima di tutto.

«Ho pensato che la bestia mi avrebbe caricato, che avrei pagato col mio sangue quello che le era stato fatto in passato. Si stava alzando un po' di vento da sud, che soffiava la polvere via dallo spiazzo dove stavamo, e tutti e due ne abbiamo approfittato per respirare un po' di aria pulita. Ma il vento ha portato anche qualcos'altro alle narici della bestia. Me ne sono accorto da come ha sollevato la testa, o almeno credo fosse la sua testa, la sua forma sembrava cambiare di continuo.

«E in mezzo alla testa le si è aperto una specie di ghigno, mi ha dato le spalle ed è partita alla carica, verso sud-ovest, diretta non so dove. È stato allora che mi sono accorto che era ferita come quando gli uomini antichi la inseguivano, a un fianco o a una zampa. Era come se tutto il tempo sotto le pietre per lei non fosse passato, era venuta fuori identica a come era stata seppellita. Sgocciolava sangue sulla polvere bianca che c'era per terra, ad averci il coraggio si potevano seguire le macchie per vedere dove era andata. Solo che quando ha smesso di guardarmi fissa ha rotto l'incantesimo, potevo di nuovo muovermi e lo scampato pericolo mi ha fatto pisciare nelle braghe come un moccioso. Allora mi sono messo in cammino e sono tornato qua.»

«E gli altri? Dove sono finiti quelli che sono venuti con te a caccia? Nessuno era lì?» chiede Dora.

«Nessuno. Quando la terra ha tremato sono tutti corsi via, e non li ho più visti.»

«Quindi se nessuno era lì con te, potrebbe benissimo essere che tu abbia perso i sensi e...»

«Non era un delirio, donna! Era confuso, è ancora tutto confuso, ma era anche spaventosamente reale. Guarda fuori, guarda il monte Severo, e dimmi cosa vedi.»

Dora va alla finestra, poi torna a sedersi sul bordo del letto.

«La Mugnaia non c'è più. E sul fatto che la terra ha tremato non ci sono dubbi, ce ne siamo accorti tutti anche qui in paese. Quanto al resto, non so che dire, so solo che ti sta salendo la febbre e che devi riposare. Adesso basta parlare. Domattina sono certa che tutto ti apparirà in un'altra luce.»

Sandrone annuisce, chiude gli occhi. «La mia testa, la mia povera testa. Sembra che sia piena di cose che spingono per uscire» dice, poi inizia a scivolare nel sonno.

Dora prende una sedia, la avvicina al letto.

Potrebbe stendersi di fianco al marito, ma preferisce vegliarlo e stando seduta pensa le sarà più facile non addormentarsi. Gli controlla la testa, spostando i capelli alla ricerca di qualcosa che giustifichi le assurdità che le ha raccontato: un bernoccolo, un taglio, un'abrasione.

Non trova nulla.

Ancora per qualche minuto Sandrone sussurra parole che Dora cerca di decifrare, senza alcun successo; poi anche lei nonostante la posizione scomoda si accartoccia su se stessa, si arrende, si addormenta.

... non ha bisogno dei sensi per percepire le cose di cui è lei stessa la causa, e non è vero che annusa la tua paura, è lei stessa la paura, Papà come si caccia un cinghiale?, Sei ancora troppo piccolo Sandrino, ma un giorno anche tu imparerai quel che serve sapere, Me lo insegnerai?, Certo, e poi infatti te lo ha insegnato, ma un cinghiale fa parte del tuo mondo, quando lo incontri e tra te e lui c'è la canna di un fucile non c'è nulla di innaturale, tu da una parte e lui dall'altra, tu hai il grilletto lui le zanne, non è nulla di paragonabile a questo, questo è diverso, questo non dovrebbe esistere, la Bestia doveva continuare a dormire nelle budella del monte Severo, e invece è fuori, avvelenerà l'aria come ha già avvelenato i tuoi pensieri, contagerà tutti con la sua fame, tutti conosceranno la sua fame, svegliati Sandrone, tanto vale mettersi all'opera, tra non molto sarà mattino, non aspettare per fare ciò che comunque andrà fatto, non rimandare, alzati, non far caso al dolore alla schiena e alla caviglia, quello passerà come passa tutto, tutto tranne la sua fame, la sua fame che presto sarà la tua fame, alzati dal letto Sandrone...

Dora sente qualcosa, Dora si sveglia.

La lampada a olio sul comodino si è spenta, e la stanza è immersa nel bianco e nero dei pochi raggi di luna che penetrano dalla finestra.

Dora tasta il letto con le mani, trova solo lenzuola umide e ancora tiepide. Con un fiammifero accende la lampada, ed è allora che Sandrone le poggia le mani sulle spalle, facendola trasalire.

«Mi hai spaventato» dice. «Torna a letto.»

«Non riesco a dormire» risponde Sandrone aumentando la stretta sulle spalle. «È ora di svegliarsi» dice, e Dora sente che le sue mani sono ancora più calde di quando lo ha messo a letto.

«Che ti prende?» chiede. «Mi fai male!»

Prova a voltarsi, ma Sandrone la tiene inchiodata alla sedia, le mani che adesso salgono dalle spalle alla base del collo.

«Lasciami, smettila!»

«Siete tutte d'accordo, vero? Lo fate apposta, lo avete sempre fatto apposta. Approfittate della nostra stanchezza, della *sua* stanchezza, aspettate che il sonno ci prenda e poi ci costringete con l'inganno a fare cose che a noi non verrebbero neppure in mente. Pensate che non ce ne accorgiamo, ma non siamo stupidi. Siamo stati disattenti, forse, ma non siamo stupidi... Non temere» dice Sandrone, le mani che adesso sono come un collare sempre più stretto. «Non farò nulla più di quel che serve. Solo una dimostrazione, a beneficio delle altre, per mettere in chiaro che finalmente siamo svegli, che abbiamo conosciuto la fame e non ce la dimenticheremo più.»

Dora fatica a respirare. Cerca di liberarsi, ma c'è un motivo se tutti chiamano suo marito Sandrone. Sbatte i piedi sul pavimento, sbava, si sente mancare. Fa leva con le gambe sul bordo del letto, spinge con tutta la forza che riesce a raccogliere.

Lo schienale della sedia sbatte sui testicoli di Sandrone, che si sgonfia, perde la presa sulla moglie, indietreggia di un passo.

«Come osi, brutta scrofa!» urla, cercando di agguantare Dora, che si butta sul letto, rotola dal lato opposto mettendo il materasso tra sé e il marito.

«Ma che ti prende, sei impazzito?» chiede, lacrime di incredulità giù dagli occhi e fino agli angoli della bocca.

Sandrone solleva la sedia all'altezza del petto, poi la sbatte a terra con tutta la forza che ha. La sedia va in pezzi, un mucchietto di assi divelte giacciono tra i suoi piedi, pelosi e nudi, come se non fossero mai state assemblate.

«Vieni qui» ordina.

«Spiegami cosa ho fatto, non ti capisco, non capisco di cosa parli!» dice Dora sfregandosi i segni violacei sul collo.

«Lo vedi?» risponde Sandrone scalciando il legno che ha tra i piedi. «Lo vedi, come fate? Provocate un disastro e poi iniziate a piagnucolare, fingendo di non saperne nulla. Bugiarda sei, bugiarda come tutte le altre.»

Sandrone fa il giro del letto, Dora in tutta risposta lo

attraversa rotolando, e di nuovo sono separati dal materasso. Sembra quasi che giochino, se non si fa caso alle espressioni che hanno in faccia.

Sandrone sospira, riprende fiato con le mani sui fianchi. Poi, con una rapidità di cui Dora non lo immaginava capace, spinge il letto verso di lei, intrappolandola tra muro e comodino. Lo attraversa a quattro zampe, si solleva sulle ginocchia e protende le braccia.

Dora prende la lampada a olio dal comodino, con un manrovescio Sandrone gliela fa volare dalle mani, mandandola a schiantarsi contro il muro. Un getto bollente investe tutto il lato sinistro del volto di Dora.

Il dolore è atroce, il suo grido anche, e ha il potere di spegnere la furia di Sandrone e di lasciarlo immobile sul letto, ritto sulle ginocchia, come un orso ammaestrato e idiota, in attesa degli ordini del suo ammaestratore.

Dora si passa la mano sulla faccia, cercando di ripulirla dal liquido bollente.

La sua pelle ha una consistenza molle, come cera che sia stata esposta a una fonte di calore, e questo, unito al dolore, le provoca un conato.

La schiena appoggiata al muro e le ginocchia che si piegano facendola scivolare verso il basso, Dora vomita, e quel che le esce dalla bocca finisce sul letto e sulle gambe di Sandrone, ridestandolo dal letargo in cui era precipitato.

Ora la stanza è buia, Sandrone trova a tastoni il corpo della moglie, raggomitolato per terra; torna a cingerle il collo con le mani, la solleva alzandosi a sua volta in piedi sul letto.

Quando si sente sollevare Dora perlustra il pavimento con le mani, in cerca di un appiglio. Trova quella che era la gamba della sedia, e mentre penzola dalla morsa di Sandrone la solleva e la usa per colpirlo sulla testa.

A una delle estremità della gamba della sedia è rimasto un chiodo lungo un pollice, arrugginito dopo aver sonnecchiato per anni nel suo alveo di legno. Penetra nella tempia di Sandrone, uccidendolo sul colpo.

Marito e moglie precipitano sul letto, uno cadavere e l'altra senza conoscenza per la mancanza di ossigeno, nel loro ultimo abbraccio.

5

Nives si prepara a uscire di casa, le scarpe in mano, il respiro trattenuto.

Non ci sono ragioni particolari per tutta questa segretezza, sia Elvezio che Teresa hanno imparato a non porre troppe domande quando la vedono inoltrarsi nel bosco. Potrebbe fare come la volta precedente, uscire e basta. Ma allora si trattava solo di andare a preparare le fasi successive del Ciclo, oggi invece il suo compito è ben più delicato. E poi la clandestinità, anche solo di facciata, sembra avere un legame diretto con quello che fa, con quello che le è stato tramandato, con quello che a breve – tra quanto starà a lei, e non sa decidersi – dovrà a sua volta tramandare.

«Non dire nulla, neanche a chi sa già tutto.» Era uno dei consigli che sua madre Dolores, seconda sarachìa di Roccasa, non si stancava di ripeterle.

«Una sarachìa non lascia tracce» diceva anche. «Nulla di scritto, nulla di esplicito. Combatte l'invisibile con le sue stesse armi» diceva, ripetendo quello che a sua volta aveva appreso da sua madre, informazioni che si propagavano solo così, bisbigliate di generazione in generazione.

Nives in mezzo a questi messaggi sibillini ci è nata, ci è cresciuta. Anche quando era piccola e li considerava il corrispettivo delle fiabe che le madri raccontavano agli altri bambini per farli addormentare, non aveva potuto fare a meno di crederci senza farsi domande, come il neonato non si fa domande sul latte materno.

È stato solo quando è nata Teresa, quando cioè si è resa conto che prima o poi le sarebbe toccato tramandare quel che sapeva, che le perplessità hanno iniziato a impadronirsi di lei.

Non si trattava di dubbi sull'effettiva necessità del fardello che le donne della sua famiglia si erano trovate a dover trasportare, né tantomeno sulla reale efficacia del loro ruolo: troppo evidenti le storture di Roccasa, troppo lampanti i risultati del loro operato.

Quello che Nives aveva invece messo in discussione, attirando su di sé i presagi di sventura di sua madre, era il dogma per cui una sarachìa andasse formata fin dalla nascita, ovvero una dozzina di anni prima di poter mettere in pratica ciò che le era stato insegnato.

1954

Un pomeriggio di aprile, tre generazioni di sarachìe si ritrovano nel cortile davanti a casa della più vecchia di loro. Teresa ha sei anni, e ne manca uno scarso prima che Dolores lasci a Nives la sua carica – nell'unico modo conosciuto a una sarachìa: morendo.

Dal monte Severo viene giù una brezza fresca, che spazza via il calore dell'estate imminente. Alcune galline beccano vermi e chicchi di mais, Teresa e Marcello giocano a rincorrersi, le guance rosse e le ginocchia sbucciate.

Marcello è reduce da un'infezione che lo ha costretto a letto per un mese, facendo temere per la sua vita. Ne è riemerso smagrito e cinereo, i capelli ancora più corvini nel contrasto con la carnagione.

«Pensi sia lui?» chiede Dolores.

«Hanno solo sei anni, è ancora presto.»

«Ti manca la prospettiva, figlia mia, e questo è pericoloso. Non puoi essere così ingenua, non ce lo possiamo permettere. Se non inizi a trattarlo, tra circa cinque anni quel bambino smetterà di essere ciò che è – ciò che continuerebbe a essere se vivesse da qualche altra parte. All'inizio sembreranno semplici episodi di nervosismo, naturali a quell'età. Poi diventeranno la norma e non ci sarà più nulla da fare. Inizia a guardare avanti, a pensare a quel che vuoi per tua figlia. Inevitabilmente questo riguarderà anche quel bambino; o un altro, non fa poi molta differenza, purché inizi a pensarci.»

«Sai cosa non sopporto? La tua certezza di avere ragione, come se quello che siamo chiamate a fare non fosse in parte oscuro anche a noi. Come fai a sapere che quel che dici sia il modo giusto, che sia l'unico modo possibile?»

«So che finora ha funzionato, e spero che la tua mancanza di disciplina non costringa questo misero paese a sperimentare le conseguenze di qualcosa che non funziona.»

1947

La pancia di Nives cresce.

Elvezio la spia, di fronte, di profilo. E fantastica sul contenuto di quel gonfiore, su quel mistero di cui dovrebbe essere parte anche lui e da cui si sente invece così escluso. Cosa pensa Nives, cosa pensa la creatura che ogni tanto scalcia sotto la superficie della sua pelle?

Un pomeriggio di giugno, di ritorno dall'aver castrato un cavallo, Elvezio entra in casa. Si lava le mani, entra in punta di piedi in camera da letto. Nives gli dà la schiena, stesa su un fianco, il respiro lento e regolare del sonno profondo. Elvezio la osserva per qualche minuto, ipnotizzato dalla calma e dalla perfezione di quel momento. Poi esce di casa, si appoggia allo steccato che circonda il giardino, si rolla una sigaretta. Ci sono nuvole spumose sopra la sua testa, e nuvolette diafane di tabacco che gli escono dalla bocca. Giunto a metà sigaretta, Nives gli mette le mani sui fianchi facendolo sussultare.

«A cosa pensi?» chiede.

«A niente di speciale.»

«Sei un pessimo bugiardo.»

«Vero. Pensavo a come sarà tra qualche mese, quando non saremo più… soli, ecco, io e te.»

«Sarà meglio» dice Nives, guardando in alto.

«Non riesco a immaginarmelo, un po' perché non ho idea di come sarà essere padre, un po' perché non so se devo pensare a un figlio o una figlia.»

«Su questo ti posso aiutare» dice Nives, che nelle nuvole vede un coniglio, una culla, una ballerina. «Pensa a una bambina.»

«Come fai a esserne sicura? Voglio dire, è una sensazione che hai, o una delle credenze che si sentono in giro, basate sulla forma della pancia, la nausea, cose così?»

«È una sensazione che si sposa con una certezza, e che non ha bisogno di superstizioni per venir confermata. Sarai padre di una bambina, fidati di me.»

La commozione che supponeva lo avrebbe colto prendendo in braccio per la prima volta il neonato lo trafigge adesso, a sorpresa, mentre le nuvole scivolano verso l'orizzonte, sfaldandosi e ricomponendosi di continuo.

«Certe volte mi chiedo se sono pronto, se sarò in grado di... se sarò un buon padre, insomma.»

«Stai tranquillo, sarai quel che devi essere. Niente di più, niente di meno.»

Abituato alle allusioni della moglie, al suo modo oracolare di esprimersi, alle cose che non capisce e che è costretto ad accettare per buone, Elvezio fa l'ultimo tiro dalla sigaretta, poi la spegne sotto la suola.

«Se sarà una femmina...» dice.

«Lo sarà.»

«... mi piacerebbe chiamarla Teresa.»

«È un bel nome, piace anche a me» risponde Nives,

che poi gli fa una carezza sulla guancia, si volta e rientra in casa, lasciandolo con l'impressione di aver proposto qualcosa che era già deciso ben prima che venisse in mente a lui.

6

Quando è pronta per uscire, Nives entra nella stanza della Consolazione.

Sopra la stufa c'è un pentolino da cui sale un odore aromatico che ha invaso tutto l'ambiente.

Nives controlla che il manico non sia troppo caldo sfiorandolo con un dito, poi ne rovescia il contenuto dentro una fiaschetta senza nemmeno filtrarlo.

La tappa, la infila nel tascapane, e ora sì, esce.

L'aria ha l'odore agrumato di inizio estate.

Nives tende l'orecchio, un pianto proveniente da una delle case le darebbe forza, le ricorderebbe perché si sta dirigendo al centro della foresta occidentale, da sola e in piena notte.

Ma non ci sono suoni che le vengano in soccorso, nessun segnale, nessuna conferma.

Esce dalla porta, dopo qualche passo si volta per controllare che la camera di Teresa sia buia, che la figlia non la stia spiando.

Se voltandomi la vedo, pensa, le chiedo di venire con me. Basta cautele, basta teoria, che veda coi suoi occhi quel che la aspetta.

Ma la finestra non è che un grosso occhio nero piantato nel bel mezzo della fronte chiara della casa, e Nives si incammina.

Ha iniziato a bere l'infuso già di prima mattina.

Non esistono certezze, non esiste un ricettario, ci sono solo precedenti vaghi e spesso fallimentari.

Ogni volta che una donna trasmette questo fumoso sapere fa anche presente che in passato ci sono stati effetti collaterali e che controllarli non è semplice. Far bollire radici, funghi e foglie sembra un compito banale, ma non tutte le radici hanno le stesse dimensioni, né tutti i funghi la stessa concentrazione di principio attivo. Da qui, l'azzardo.

«Non è qualcosa che abbiamo inventato noi sarachìe, ci siamo solo limitate a usarlo per i nostri scopi. Quando ero ragazza una nostra vicina di casa sbagliò le proporzioni degli ingredienti» le ha detto Dolores al momento di spiegarle il procedimento, «e c'è il caso che fosse già un po' tocca di suo, fatto sta che dopo aver bevuto iniziò ad avere strane visioni, a sentirsi perseguitata, tanto che finì per tagliarsi le vene e gettarsi nel fiume. Anche io per qualche giorno non fui in me, la prima volta.»

«E allora perché continuiamo a farlo?» ha risposto Nives.

«Perché per noi non si tratta solo di porre fine a una gravidanza. La posta in gioco è ben più alta e quindi vale la pena rischiare qualcosa.»

Bere l'infuso a piccole dosi, un po' alla volta nel corso della giornata, è uno dei modi per cercare di ridurre i rischi.

1948

Quando arrivano le doglie e Teresa preme per uscire, Nives è in casa.

Elvezio è altrove per lavoro, e comunque non sarebbe stato ammesso ad assistere. Quanto alle donne di Roccasa, vedendo che la pancia di Nives cresceva, non hanno fatto domande né offerto aiuto.

Quindi eccola qui, sola nel bel mezzo del travaglio.

Non è così che è nata lei; di fianco a sua madre allora c'era Ada, impaziente di veder nascere la nipote che le avrebbe assicurato la successione.

Invece Dolores adesso non è qui ad assistere, e la sua scelta è una sentenza.

Nives si stende sul letto, si toglie mutande, sottoveste e gonna.

Avrebbe dovuto procurarsi un secchio di acqua calda e una pezzuola ma non ce l'ha fatta, e in ogni caso da sola non saprebbe che farsene.

Il dolore arriva a ondate lunghe, che le fanno stringere le lenzuola nei pugni, e i denti così forte da sentirli scricchiolare. Perde coscienza di sé, del tempo che passa, tutto quel che resta è il respiro delle contrazioni, di cui si sente solo un'inadeguata appendice.

E quando la sofferenza sembra avere la meglio, quando si domanda se una donna priva di sensi possa comunque partorire, qualcuno bussa alla porta.

Non ha la forza di andare ad aprire, anzi chiude gli occhi per tenere a bada la prossima ondata. Quando è passata, senza preoccuparsi di chi ci possa essere dall'altra parte, si limita a mormorare col fiato rotto: «Avanti».

La porta si apre di un paio di spanne, Marisa mette dentro la testa.

«Posso...?» chiede, cercando una seconda, ulteriore conferma.

«Entra, entra» dice Nives, e Marisa la sorprende; tanto è impacciata e timida di solito, tanto decisa ed efficiente adesso.

Si guarda attorno, esce e dopo meno di un minuto eccola tornare, con un secchio in mano e due pezzuole pulite sulla spalla.

Si siede di fianco al letto, libera il lembo del lenzuolo dall'artiglio di Nives, lo sostituisce con la sua mano.

«Andrà tutto bene» dice. «Respira con me» ripete.

Non è così semplice, pensa Nives lì per lì, quasi infastidita da quella inusuale confidenza.

In effetti semplice non lo è affatto, eppure il ritmo del respiro di Marisa le dà qualcosa su cui concentrarsi, qualcosa che la distoglie anche solo per pochi benedetti secondi dal dolore.

«Spingi» dice Marisa, e Nives obbedisce. «Adesso respira» dice, e Nives obbedisce. «Un ultimo sforzo, ora: spingi, spingi, spingi!»

E a un certo punto, passato un momento in cui le è

parso di lacerarsi da capo a piedi e che tutto il tessuto della realtà stesse facendo lo stesso, Nives riapre gli occhi.

La prima cosa che vede è il viso di Marisa, arrossato e commosso, e poi un altro viso, a sua volta arrossato dal pianto e striato di sangue.

«È una bambina» dice Marisa, che le porge il fagotto e poi si pulisce il naso col dorso della mano.

Questo Nives lo sapeva già, mentre quello che non sa lo chiede cullando Teresa per la prima volta.

«Come facevi a sapere che avevo bisogno di aiuto?» dice.

«La tua gravidanza non era certo un mistero, in paese. Ho visto Elvezio allontanarsi, prima, e quindi mi sono detta: "Sarà a casa da sola, andiamo a dare un'occhiata". Diciamo che capitare nel momento giusto è stata fortuna, anche se io penso che ci abbia messo lo zampino la Divina Provvidenza.»

«Molti in paese non sarebbero felici di sapere che il vostro dio si prende cura anche di me, o di mia figlia.»

«Sbagliano, così come sbagli tu a definirlo *nostro*. È di tutti, anche di quelli che non credono in lui. Anzi, forse è *soprattutto* di quelli che lo rifiutano.»

«Resta il fatto che non c'era lui seduto qui di fianco, ed è quindi te che devo ringraziare. Ti devo un favore e appena sarà possibile ti prometto che mi sdebiterò.»

Nives è abituata a camminare per Roccasa sentendosi quasi fluttuare, forse per reazione agli sguardi malevoli che altrimenti la appesantirebbero, rendendole difficile ogni movimento. Ogni sarachìa vive intrappolata in questa contraddizione: ha un legame così forte con i suoi compaesani da non aver bisogno della loro approvazione, è salda al centro della vita del paese e allo stesso tempo è qualcosa di diverso, indipendente, laterale.

Quando per la prima volta attraversa Roccasa con Teresa addormentata e infagottata addosso, le vibrazioni che le arrivano dai compaesani sono quelle di sempre, ma amplificate e arricchite da un nuovo ingrediente: la curiosità.

Le donne più anziane, coetanee di sua madre, sanno che dentro alla fascia sta sonnecchiando la futura sarachìa. Non osano avvicinarsi, ma faticano a trattenersi dallo sbirciarne i lineamenti e interpretarne il pianto, come se da questo fosse possibile intuire qualcosa sul suo temperamento.

Le più giovani, ancora nubili, che delle sarachìe hanno idee vaghe e che non hanno ancora avuto bisogno dei loro servigi, non si fanno invece scrupoli ad avvicinarsi.

Nives ne incontra un paio nei pressi del pozzo.

«Posso toccarlo?» chiede una delle due, una ragazzona dai capelli crespi che si ribellano alla tirannia dei nastri con cui sono legati.

«Puoi toccarl*a*, certo» risponde Nives, e scosta un lembo della fascia scoprendo la testa di Teresa, ricoperta di una soffice lanugine.

La ragazzona – che Nives conosce di vista, come tutti, e che ha la fama di non essere troppo sveglia – emette uno squittio, e con la punta di un indice screpolato come una carota appena raccolta accarezza la testa di Teresa, contropelo.

La seconda ragazza – circa la stessa età della prima ma qualche nozione in più sulla sarachìa, glielo si legge negli occhi – è combattuta tra la tenerezza e la diffidenza.

Quando inizia ad avvicinarsi e a distendere un sorriso, una voce la impietrisce.

«Una bella faccia tosta» dice Dora rivolta a Nives, causando la fuga di entrambe le ragazze.

L'occhio cieco sembra ricoperto dalla pellicola che si forma sul latte quando lo si fa bollire, quello sano si muove a scatti.

«Prego?» risponde Nives, tornando a coprire la testa di Teresa.

«Una bella faccia tosta, dico, a portare in giro così quella bambina, come se niente fosse. Perché è una bambina, giusto?»

«Sì, una bambina nata da una settimana. Un tempo ti sceglievi nemici un po' più minacciosi di così. Pur sempre immaginari, ma almeno non in fasce.»

Le persone che animavano la piazza fino a poco fa sono svanite, lasciando il campo alle due donne e alla neonata.

«Certe cose non si scelgono» risponde Dora, «succedono e basta. Vale per me, vale per te e adesso anche per tua figlia.»

«Quello che mi consola è che io avrò qualcuno che prenderà il mio posto, mentre non possiamo dire lo stesso di te e delle tue farneticazioni.»

«Stai attenta, sarachìa, ci vuole poco per mandare in rovina una famiglia. L'ho già detto a tua nonna, tanto tempo fa. A volte basta solo un chiodo, o una parola di troppo, te lo dico per esperienza.»

Dora volta le spalle al pozzo, e a Nives sembra quasi di poter sentire il respiro di sollievo di Roccasa.

7

Quando l'infuso inizia a fare effetto la prima cosa che smette di funzionare a dovere sono i muscoli delle gambe. Possono passare alcune ore dal primo sorso al manifestarsi dei sintomi, ma quando compaiono non ci mettono molto a farsi acuti, né c'è modo di ignorarli: i polpacci perdono elasticità, le cosce sembrano attraversate da piccoli crampi elettrici, e poi è la volta dei glutei.

Da lì, nel giro di qualche minuto, gli spasmi prendono il ventre e iniziano a fare quel che ci si aspetta da loro: espellere il feto anzitempo.

In passato è successo che l'infuso sorprendesse Nives, anticipando o ritardando i suoi effetti. Una volta non è riuscita neanche ad arrivare all'Albero prima di sgravare, un'altra ha dovuto aspettare un giorno e una notte interi prima che la bevanda le strizzasse l'utero – quasi ventiquattr'ore di malessere e di paura che questo ritardo mandasse tutto a monte. Invece, nonostante gli imprevisti, le cose erano andate come al solito. Era stata una preziosa indicazione per Nives: la puntualità che le sarachìe precedenti ritenevano imprescindibile si era dimostrata irrilevante.

Stavolta, comunque, complice forse l'esperienza maturata negli ultimi cinque anni, il tempismo è perfetto. Riconosce per tempo le prime avvisaglie dei sintomi, si mette in cammino e appena giunta davanti al tronco, abbastanza vicina da riuscire a distinguere a occhio nudo i bordi frastagliati dei due fori cicatrizzati nella corteccia, Nives sente la stretta che ormai le è familiare.

Si china, le mani appoggiate sulle radici dell'Albero, le ginocchia che affondano nello spesso tappeto di muschio che lo circonda, gli occhi fissi sulla corteccia come la Bestia al tempo del Brivido.

Sa che non c'è bisogno di spingere, occorre anzi tentare di rilassarsi e assecondare quello che il corpo ha già iniziato a fare per conto suo.

Non saprebbe spiegare perché ma ciò che più la disturba, ancor più di quello che farà tra poco, e persino più di quello che concluderà il Ciclo tra sei mesi, quello che meno riesce a razionalizzare e inserire in un disegno superiore, è il rumore che fa il feto quando viene espulso.

Non ha ancora mai avuto la forza di osservarlo, non è neanche sicura che sua nonna e sua madre, sarachìe rispettivamente per dodici e ventidue anni, ci siano mai riuscite.

Nives solleva la zolla di muschio, denuda il simulacro di utero scavato tra le radici tre mesi prima, tasta il terreno tra le gambe, raccoglie il non-nato e recide il cordone ombelicale con il coltello da caccia sottratto dalla borsa del marito – lama spessa e troppo poco precisa per un uso veterinario: Elvezio lo tiene nella sua borsa più come portafortuna che come strumento di lavoro, al punto che sembra quasi nuovo.

Poi non le resta che avvolgere il non-nato con le foglie che l'Albero ha sparso tutto attorno e seppellirlo, il prima possibile, senza pensare a quel che verrà poi.

Ha sentito dire spesso, e potrebbe confermarlo riguardo alla nascita di Teresa, che il ricordo dei dolori del parto si affievolisce con prodigiosa rapidità, forse per non scoraggiare eventuali gravidanze successive.

Solo che questi non sono parti, sono riti a cui la sarachìa accetta di sottoporsi per un bene superiore, per il bene di una comunità che non per questo smetterà di manifestarle ingratitudine.

Nel rito, di cui Nives adesso sta portando a termine la seconda fase richiudendo la buca, i sacrificati in fin dei conti sono due: chi viene seppellito e chi seppellisce.

Si ripulisce tra le gambe come può, si alza in piedi, lenta, prevedendo un capogiro che infatti arriva.

Ha perso sangue, è intossicata dall'infuso, e forse non è tutto: in questa fase le sembra sempre di sentire voci, nella testa e nel bosco.

Voci di donne che precipitano dal monte Severo, voci delle sarachìe che prima di lei si sono messe carponi in quello stesso punto, che hanno espulso reciso seppellito, e infine le voci ancora incapaci di esprimersi a parole, quelle dei non-nati.

Con la mano appoggiata al tronco aspetta che il capogiro passi. Quando è di nuovo padrona delle proprie gambe pareggia con il piede la lastra tombale di muschio che ricopre la piccola fossa, si allontana di tre passi, si volta a controllare.

Il terreno appare di nuovo compatto, nessuno passando di qui si accorgerebbe di quel che nasconde. Nives però sa che quando dovrà tornare riconoscerà il punto esatto senza esitazioni, perché a guidarla saranno l'istinto, o le voci, o tutte queste cose insieme.

Ora deve solo combattere la stanchezza, vincere la tentazione di sdraiarsi qui, di chiudere gli occhi, deve tornare a casa e convivere con il suo ruolo.

E da domani ricominciare la Consolazione delle donne di Roccasa, livide e macilente: ascoltare le loro storie di violenza, raccogliere erbe, preparare infusi.

Sospira, Nives, e un passo alla volta si avvicina a casa, la intravede tra i rami degli alberi, una trama sempre più rada a mano a mano che si avvicina al limitare del bosco.

Apre la porta, con i sensi così stravolti dalla fatica da non accorgersi che una figura vestita di nero ha visto quel che ha fatto sotto l'Albero e poi l'ha seguita a distanza fin qui, sulla soglia di casa, osservandola con un occhio sgranato dallo stupore.

A Roccasa è arrivata l'estate, ma a Teresa pare che voltandosi di scatto sia ancora possibile scorgere la coda della primavera infilarsi nei boschi.

Il suo corpo sta maturando, così come quello dei suoi amici. La perdita di sangue, la peluria che inizia a scurire il viso di Marcello e la sua voce che cambia tono di continuo: tutte cose naturali, assimilabili alle trasformazioni nei tronchi degli alberi che crescono attorno a Roccasa, alle mutazioni della corteccia, delle radici, delle foglie.

Quelli che la sorprendono e spaventano sono invece i

mutamenti che accadono *dentro* le persone, i cambiamenti di direzione dei loro desideri e dei loro pensieri. È qualcosa su cui Nives l'ha sempre messa in guardia. «Tutto a questo mondo può ferirti» le ha detto una volta. «Ma solo gli esseri umani possono godere nel farlo, senza nessun preavviso. Gli animali hanno bisogno di un motivo, gli esseri umani scambiano le emozioni per motivi. E a volte permettono a cose che provengono da fuori, cose che li invadono, di decidere per loro.»

«Non mi devo fidare di nessuno, quindi?» ha risposto Teresa.

«Devi imparare a scegliere bene, o ti ridurrai a sperare nel caso.»

«Marisa dice sempre che il caso non esiste, che tutto quel che succede è stato deciso dal buon Dio.»

«Marisa ha le sue credenze, che io mi sforzo di rispettare ma non condivido. E, a ogni modo, non fa molta differenza che le cose dipendano dal caso o dal volere del suo dio, comunque non abbiamo alcun controllo su gran parte di quello che ci succede. Ma proprio per questo quando ti si apre davanti lo spiraglio di una scelta, in quella minuscola parentesi di libertà che ti è concessa, è essenziale fare la cosa giusta. Tu, per esempio, da qualche tempo hai smesso di essere una ragazzina. Non è dipeso da te, da quel che volevi, ma è successo. E questo ti ha posta di fronte a cambiamenti che richiederanno la tua partecipazione. Tra non molto dovrai iniziare a pensare di farti una famiglia tutta tua. So che ti sembra presto per parlarne, che l'idea ti fa paura e forse al momento ti disgusta anche un po', ma succederà. Il tempo scorre secondo ritmi irregolari, sono sicura che te ne sarai già accorta. A volte è rapido, a volte rallenta, e questo ci confonde. Il tempo è infido e ha un vantaggio enorme su di noi: lui ha tutto il tempo che vuole, noi no.»

Dopo tutti questi anni Elvezio non saprebbe dire con certezza perché la sera continui a venire alla locanda di Ludovico, un luogo che non lo ha mai davvero accolto, e che anzi non perde occasione per farlo sentire indesiderato.

Quando entra, l'ambiente è sempre lo stesso: la stanza immersa nella penombra, le facce chine, e un solo tavolo libero, il più isolato e lontano dal caminetto. D'inverno la mancanza di calore e la posizione appartata mettono subito in chiaro che chi siede lì è un corpo estraneo. Non del tutto esiliato, perché Roccasa non è abbastanza coraggiosa da provvedere alla completa esclusione di qualcuno, ma comunque sgradito.

Quando Elvezio entra, Ludovico lo saluta con un cenno della testa, senza smettere di asciugare il bicchiere che ha in mano, o di versare il vino. Erano molto amici, un tempo, poi Ludovico è cambiato. Le confidenze sono state sostituite da monosillabi e disinteresse; la vicinanza da un posto più lontano possibile dal bancone, oltre che dal camino.

Adesso però è estate, e il tavolo non è in una posizione così spiacevole. È il più vicino alla finestra aperta, per esempio, e da lì si può sentire lo sbadiglio dell'Anguilla, che scorre a poche decine di metri di distanza. E ogni tanto lo sbattere di ali di una falena, e il profumo della lavanda che cresce in grandi cespugli tutto attorno all'edificio.

Elvezio si siede, scruta nel buio per un po'. La serata sembra tranquilla, incorniciata dalla finestra. Dà l'illusione che niente sia mai andato a scoperchio, che Roccasa sia uno dei tanti paesi che visita ogni giorno per lavoro. Posti tranquilli, al limite un po' noiosi, dove tutti si conoscono e le persone restano uguali per tutta la vita. Ci sono volte in cui Elvezio si chiede se non sia solo apparenza, se quando risale sul furgone per tornare a casa anche là non succeda qualcosa. Poi pensa alle facce che incontra negli altri paesi, alla schiettezza dei loro discorsi, e si convince che non esiste altro posto dove le cose siano complicate come a Roccasa. Forse sarà solo una questione di tempo, forse lo scoperchio si sta già espandendo. Del resto anche la decomposizione al rallentatore del paese ci ha messo un bel po' prima di diventare evidente.

Quando la porta si apre di nuovo le teste si girano per la sorpresa, perché tutti gli avventori abituali sono già presenti.

Don Ettore entra con una certa circospezione, togliendosi il cappello.

«Con permesso» dice, e non riceve risposta.

Si guarda attorno, ognuno è tornato alle proprie occupazioni. Dal fondo della stanza Elvezio gli fa un cenno e scosta una sedia dal tavolo.

Don Ettore si avvicina, i lunghi passi triangolari sotto la tonaca.

Non appena si siede, due uomini si alzano ed escono.

«Colpa mia?» chiede.

«Che cosa?»

«Ho l'impressione che se ne siano andati per colpa mia.»

«Ah, quello. No, non si preoccupi, lei non c'entra. È che inizia a fare buio e da queste parti la gente è abituata a rincasare presto. Allora, Padre, si è ambientato?»

«Un po' alla volta. Per ora ho conosciuto più i luoghi delle persone.»

«Ed è per questo che è venuto qui stasera, per cercare di conoscere meglio le persone?»

Don Ettore si guarda attorno, dagli altri tavoli arriva un mormorio basso come il brusio di api dentro un alveare.

«A dire il vero quello che mi ha spinto qui è stata la voglia di bere qualcosa, ma già che ci siamo...»

«Questa locanda non è famosa per la cordialità, quindi temo dovrà accontentarsi del vino. Quello è buono, se non altro. Però non pensavo che voi beveste, se non per esigenze liturgiche.»

«Siamo pur sempre discepoli di quello che ha tramutato l'acqua in vino, no?»

Sorride, Elvezio, un sorriso infelice.

«Un punto per lei» dice, poi fa cenno a Ludovico di portare un altro bicchiere, e quando arriva lo riempie con la brocca che già era sul tavolo. «Salute» dice. «A lei e al lavoro che dovrà fare sull'anima di questo paese.»

«Detta così sembra che questo posto non le piaccia molto. È una cosa che ho notato anche in Marisa.»

«Non ho molti metri di paragone. Io sono nato qui, Padre, ci ho sempre vissuto, uscendo dal paese solo per lavoro. E non è mia intenzione spaventarla, tanto più che sono solo un veterinario, mi occupo di corpi e non ho grande dimestichezza con la spiritualità. Posso solo dirle che Roccasa è un posto molto diverso da quelli dove ha prestato servizio finora. E ne sono certo pur non sapendo dove lei sia stato prima.»

«Sono stato in posti dove ho visto cose così spiacevoli che avrebbero potuto far vacillare la mia fede, se solo fosse stata meno solida di quel che è.»

«In tal caso allora forse è pronto. Forse è per questo che si trova qui.»

Al tavolo alle spalle di don Ettore sono seduti quattro uomini che ancora non ha avuto modo di conoscere. Li ha visti in giro ma non si sono mai presentati a messa, né alla confessione. Quando è entrato si è chiesto se fosse il caso di andarsi a presentare, ma vista la concentrazione con cui si dedicavano alla loro partita a carte ha deciso di lasciar perdere.

Adesso quella stessa partita sta degenerando. Ci sono pugni sbattuti sul tavolo, qualche blasfemia sussurrata nonostante la sua presenza, e ogni tanto uno degli uomini balza in piedi come se la sedia gli scottasse sotto il sedere.

«Che scoperchio fai?» urla uno dei quattro. «Stai barando, non ci provare con me!»

Don Ettore si aspetta che a breve i quattro vengano alle mani, invece la lite si spegne di colpo, i giocatori si alzano e lasciano la locanda, in silenzio e con lo sguardo assente.

«Sono andati a fare a botte fuori?» chiede don Ettore alzandosi.

«No, credo siano andati a casa» risponde Elvezio mettendogli una mano sull'avambraccio e facendolo sedere di nuovo. Propone un ultimo brindisi, divide tra i due bicchieri le tre dita di vino avanzate nella brocca, svuota il suo in un sorso, si pulisce la bocca con la manica, e adesso è lui ad alzarsi.

«È ora che torni a casa anche io, Padre. Mi ha fatto piacere parlare con lei. Spero con tutto il cuore che la sua fede sia salda come dice, e che le sia d'aiuto.»

«E io spero che sia d'aiuto non solo a me, ma anche a voi.»

«Ne avremmo un gran bisogno, Padre. Non immagina neanche quanto.»

8

Quando arriva la notizia che Marisa non si sente bene e quindi non ci sarà lezione, nessuno se ne stupisce. Capita almeno una volta al mese, più spesso due o tre: emicranie violentissime che la costringono a letto per qualche giorno, con occhi e scuri chiusi, quasi incapace di parlare. Durante gli attacchi le donne del paese si prendono cura di lei, entrano a tastoni, lasciano qualcosa da mangiare di fianco al letto ed escono senza dire nulla. Quando è in questo stato Marisa odia i rumori quasi quanto la luce. È stata visitata più volte, da tutti i medici della zona, ma nessuno è riuscito a fare una diagnosi precisa, né a trovare una cura più efficace del buio e del silenzio, rinforzando così la diceria secondo cui le emicranie sono la conseguenza, o meglio il corrispettivo, di quello che Dora ha patito durante la notte del Brivido. Il legame tra gemelle, si mormora a Roccasa, implica condividere tutto, anche il dolore.

Marisa potrebbe ribattere che le prime emicranie hanno iniziato a tormentarla quando aveva circa quindici anni, ben prima del Brivido, ma da tempo prova disinteresse per le superstizioni dei compaesani, e fastidio all'idea di confutarle.

Ogni crisi è anticipata da un momento in cui i sensi sembrano affinarsi, i colori si fanno più vividi, gli odori più pungenti.

Poi le sensazioni si spengono, tutte insieme, cancellate da una specie di sole che Marisa sente splendere al centro del cranio. La sua luce è così abbagliante da compromettere anche l'equilibrio, ed è da quella luce che fuoriesce il dolore, una specie di rombo basso e interrotto da acuti e stonature che le fanno digrignare i denti.

Ci si potrebbe aspettare che i ragazzini accolgano con gioia le giornate libere da scuola, ma quello che succede è che questa libertà finisce quasi sempre per rivelarsi controproducente.

Stamattina, per esempio, alla notizia che non ci sarebbe stata lezione, proprio quando Evelina si stava preparando per uscire e andare a giocare con gli altri, suo padre è emerso dalla camera da letto – brutta cera, occhi gonfi – e le ha detto: «Oggi mi accompagni al mulino, tra poco partiamo».

Evelina ha soffocato la delusione e si è tolta la giacca, in attesa che lui bevesse una robusta dose di caffè e si vestisse. Mezz'ora dopo, col sole già alto, Ludovico ha attaccato la cavalla al carretto e si sono diretti a sud.

Il mulino dista una manciata di chilometri da Roccasa, a piedi lo si può raggiungere in poco più di un'ora, basta costeggiare l'Anguilla verso nord risalendone il corso – tranne una piccola deviazione in un punto in cui la riva si fa troppo rocciosa e scoscesa. Se invece ci si deve arrivare con il carro – una scelta obbligata per Ludovico, visto il carico che porterà con sé al ritorno – il percorso si allunga: tocca puntare verso sud, girare attorno al bosco occidentale fino alla strada, e solo allora dirigersi a nord, oltrepassare il valico della catena montuosa a cui appartiene il monte Severo, giunti al bivio tenere la destra fino a ricongiungersi con l'Anguilla, e infine raggiungere il mulino.

Con un buon cavallo bastano un paio d'ore, ma Blanca è anziana, fatica a tenere il passo, ed Evelina sa che per arrivare al mulino ne serviranno circa tre.

Suo padre, come sempre, è un enigma. Guarda fisso davanti a sé senza parlare, salvo qualche sporadico incoraggiamento a Blanca, ed Evelina fatica a conciliare questa sua incarnazione diurna, assorta e arcigna ma inoffensiva, con quella notturna.

Spesso, di sera, quando il cuscino premuto sulle orecchie non basta ad attutire il rumore delle colluttazioni che proviene dalla camera dei suoi genitori, Evelina inizia a fantasticare.

Ludovico ha un gemello – così come Marisa ha Dora – del tutto identico nell'aspetto ma dal carattere antitetico. Il gemello di giorno vive nascosto, forse nei boschi, o in una caverna sul monte, o nel pozzo, e solo di notte lui e Ludovico si scambiano i ruoli. Quello che la manda a letto urlando e poi si accanisce su sua madre è senza dubbio il gemello, e deve esserci anche una spiegazione del perché Ludovico gli permetta di spargere terrore in casa sua. Un patto impossibile da infrangere, o una stregoneria.

La storia del gemello non è qualcosa a cui Evelina arrivi a credere sul serio, sa che si tratta solo di una specie di sogno a occhi aperti, ma ha il pregio di farle dimenticare la realtà e traghettarla verso la benedetta incoscienza del sonno.

E in ogni caso, anche sapendo che questa è solo una fantasia e che quello che succede dopo il tramonto resta invece vero, tremendo, inspiegabile, quando sul carretto osserva suo padre con la coda dell'occhio – accarezzandogli con lo sguardo il profilo, dalla fronte al collo, e poi le mani che tengono le briglie, gli avambracci solcati dalle vene e coperti di una peluria nera e fitta – Evelina lo trova bellissimo, e si scopre incapace di odiarlo.

Oltrepassato da poco il valico, e prima di arrivare al bivio, il carretto supera il punto dove la primavera scorsa c'è stato l'incidente notturno.

Nessuno sa chi si sia occupato di quello che avanzava del corpo dopo l'incendio, si sa solo che non molte ore dopo i resti erano già stati portati via, probabilmente dalle stesse mani che adesso, circa ogni settimana, vengono a mettere un mazzo di fiori alla base del cippo – cippo di cui invece si sono occupati gli abitanti di Roccasa, rimettendolo in piedi e ripulendolo un po' dai segni dell'incendio.

È invece rimasto lì, abbandonato al margine della strada, lo scheletro carbonizzato del ciclomotore, che dopo mesi di esposizione alla pioggia ha prima iniziato ad arrugginire, poi a ricoprirsi di erba, e forse, pensa Evelina sfilandogli accanto, persino a dare riparo a insetti, lucertole, serpenti, piccoli roditori.

Il carretto prosegue, suo padre manovra le redini e Blanca, docile, al bivio tiene la destra e imbocca la strada verso la meta. È una giornata di inizio giugno, l'aria è calda ma non tersa, e la sagoma tozza e placida del mulino sembra tremolare.

Nonostante la distanza sia ancora notevole, Evelina inizia subito a cercare con lo sguardo la ragazzina. Non conosce il suo nome, né sa quanti anni abbia, sa solo che è la figlia del mugnaio e che ha i capelli neri, lucidissimi, con boccoli densi e saltellanti come molle.

Ogni volta si ripropone di parlarle, ogni volta si limita a osservarla timidamente mentre gironzola nei pressi del mulino. È sempre lì – il che dimostra, pensa Evelina con invidia, che non va a scuola – ma è anche sempre sola, con la stessa bambola di pezza buttata su una spalla, e questo attenua un po' l'invidia. Per decidere se la vita di quella ragazzina sia in effetti migliore della sua dovrebbe scoprire se anche il mugnaio ha un gemello, e in mancanza di questa cruciale informazione Evelina sospende il giudizio, restando con un'unica certezza: che le piacerebbe avere quei capelli, le piacerebbe assomigliare alla ragazzina.

Oggi però non c'è traccia di lei ed Evelina, delusa, resta seduta sul carretto, osserva il mugnaio e suo padre che si stringono la mano e poi si avviano nella pancia capiente del mulino. Escono con grossi sacchi di iuta sulle spalle, e quando li sbattono sul pianale quelli sbuffano nuvolette bianche di farina che danzano nel sole per qualche secondo prima di venir disperse dal vento.

Che la ragazzina sia malata? O che sia scappata di casa?

Sono le domande che Evelina si rigira in testa mentre suo padre sale sul carretto, batte le mani per ripulirle dalla farina e ordina a Blanca di muoversi. E sono ancora lì quando Ludovico tira le redini, scende, si siede sul prato a lato della strada, e da un fagotto estrae una forma di pane, un pezzo di formaggio, una bottiglia d'acqua ormai tiepida e una fiaschetta in pelle piena di vino. Solo quando suo padre le sembra sazio e la fiaschetta è vuota Evelina prende coraggio e domanda: «Papà, quanto è grande il mondo?».

Ludovico è disteso, il panno che conteneva il cibo appallottolato sotto la testa, le palpebre appesantite dal vino.

«Molto, molto grande» dice.

«Sì, ma quanto?»

«Non so le misure, ma così grande che non basta una vita intera per visitarlo tutto, neanche cavalcando ogni giorno.»

Evelina ci pensa un po' su, poi chiede: «Ma si può fare? Voglio dire, ognuno può andare dove vuole?».

«Sì, almeno in teoria sì» dice Ludovico, la voce roca e le pause tra le parole sempre più dilatate. «Ma secondo me è meglio accontentarsi del posto dove si vive, senza farsi venire strane idee.»

«È per questo che da Roccasa non se ne va mai nessuno?»

«Mica vero, in passato qualcuno lo ha fatto. Ma poi se ne sono pentiti tutti, perché c'è sempre il rischio che vai a finire in un posto peggiore di quello da cui sei partito.»

«Chi è che se n'è andato?»

«L'ultima è stata una donna. Elsa, si chiamava. La conoscevo abbastanza bene, aveva la mia stessa età e quando eravamo bambini giocavamo spesso insieme. Poi si è innamorata di un uomo che viveva in un paese a un paio di giorni di viaggio da Roccasa, e appena è stata in età da marito quello è venuto a prendersela e l'ha portata a vivere con sé.»

«E perché dici che se n'è pentita?»

«Non so bene cosa è successo, io non l'ho mai più rivista. Qualcuno dice che l'uomo era cattivo con lei, altri dicono che le sono nati figli deformi perché il nostro sangue non è fatto per mischiarsi a quello di chi non vive a Roccasa. Quello che è certo è che pochi anni dopo essersene andata è morta, e a tutti noi è sembrata una conferma che chi se ne va fa una brutta fine. Era già successo anche ad altri prima di lei... O almeno, questo è quello che raccontano i vecchi del paese.»

Ludovico si gira su un fianco, le dà la schiena.

«Ma se un giorno io me ne vorrò andare, tu mi darai il permesso?» chiede Evelina, e non riceve risposta. Ludovico adesso russa, un mormorio lento e ipnotico.

Evelina sa che suo padre dormirà per una mezz'ora, e poi balzerà in piedi, perfettamente lucido in una manciata di secondi, e dirà: «Andiamo».

Non le resta che ammazzare il tempo, quindi si alza, accarezza il muso di Blanca e le dà un po' di biada, beve l'ultimo sorso d'acqua dalla bottiglia. Vorrebbe spingersi fino al cippo, vedere da vicino il luogo dell'incidente. In un posto dove non succede quasi nulla di inaspettato, le novità hanno una voce suadente – vale per un suicidio, vale per un incidente. Ma il cippo è lontano, ed Evelina non vuole rischiare di essere lontana quando suo padre si sveglierà. Così inizia a perlustrare il campo circostante, seguendo una spirale sempre più ampia. Raccoglie un mazzo di soffioni, le loro teste soffici schiacciate una sull'altra al punto che dopo un po' non è più possibile distinguere dove finisca un fiore e inizi l'altro, e quando il pugno è pieno di steli soffia con tutto il fiato che ha, sparpagliando decine, centinaia di semi.

A Roccasa c'è un detto, "quello che hai in testa prima o poi finisce nell'aria", secondo cui credenze, pensieri, inclinazioni di ognuno, positivi o negativi che siano, hanno la capacità di fuoriuscire per venire respirati e assorbiti da qualcun altro.

Una forma di contagio, o forse di telepatia.

E qualcosa di simile sembra essere successo anche adesso: quando le domande di Evelina sulla possibilità di lasciare Roccasa le sono uscite dalla bocca, sono state rapite dal vento come i soffioni poco dopo, si sono disperse in mulinelli ma hanno poi ritrovato la loro aerea compattezza e grazie a una folata improvvisa sono state sollevate tutte insieme verso l'alto, si sono inerpicate lungo il versante del monte Severo opposto a quello affacciato su Roccasa, su, un'altra folata, su, fino alla cima, dove sono state inspirate da una figura solitaria e ansante.

Nonostante l'età avanzata, quando si sente in forze Dora ama passeggiare sulle pendici del monte Severo, mettere alla prova la resistenza di anche e ginocchia e salire verso la cima. Il più delle volte non completa l'ascesa, a metà strada si siede col fiato grosso su una pietra o su un tronco caduto e quando il cuore riprende un ritmo regolare torna sui suoi passi fino a valle.

Ma capita, soprattutto dopo una delle rare notti di sonno senza interruzioni e se la temperatura non è né troppo alta né troppo bassa, che riesca a raggiungere la cima, e da lì abbracci con lo sguardo Roccasa e i suoi confini, il corpo sinuoso dell'Anguilla, i due boschi, il campanile e il cimitero, i campi e il pozzo.

Da quella posizione – sopraelevata, privilegiata – le sembra di riuscire a ragionare con più lucidità, programmare il da farsi senza la zavorra dell'emotività, condurre la danza senza prendervi parte, come un burattinaio senza sentimenti.

Vedere qualcuno da là sopra, minuscolo come un insetto, le dà insomma l'inebriante sensazione di poterne determinare il destino.

Oggi per raggiungere la cima le ci sono volute tre soste. Dopo ognuna ha considerato l'opportunità di tornare indietro, e tutte le volte la testardaggine ha avuto la meglio. E quindi eccola, minuta e altera, più in alto di tutti, a respirare l'aria fresca e scandagliare la pianura ai suoi piedi con un solo occhio rapace.

Il versante sud non offre molto su cui soffermarsi, vista l'ora tutti sono in casa per il pranzo, e solo i fili di fumo che escono dai comignoli testimoniano che il paese è abitato.

Sul versante nord, invece, qualcosa si muove. Un carro, che dal mulino si sta dirigendo con pigrizia verso il valico. Ci vuole un po' perché Dora riesca a decodificare quel che vede – il colore del cavallo, le sagome delle due persone sedute –, perché riconosca Blanca, ed Evelina, e suo padre, un quadretto bucolico che potrebbe intenerire chiunque non sia a conoscenza di quello di cui Ludovico è capace dopo il tramonto. Eppure Dora non prova pietà per la ragazzina e per quel che dovrà sopportare tra qualche ora, identico a quello che ha sopportato ieri, a quello che sopporterà domani.

Dora sa di avere in pugno la generazione successiva alla propria, sa che le basterà volerlo e riuscirà a farsi obbedire. La generazione ancora successiva, quella a cui appartengono Evelina, Marcello, Tobia, e anche la figlia della sarachìa, resta invece un rompicapo. Ragazzini che non hanno vissuto il Brivido, neanche di riflesso, che vivono gli effetti senza nessuna consapevolezza delle cause, e che quindi sfuggono al suo controllo come piccoli pesci guizzanti e argentei.

Dora ogni tanto prova a entrare nelle loro teste, a immaginare le domande che si fanno, le risposte che si danno, e l'unica cosa che riesce a vedere con chiarezza è che un giorno non molto lontano potrebbero decidere di andarsene – magari Evelina ci sta pensando anche in questo momento? "Quello che hai in testa prima o poi finisce nell'aria." – ed è un pensiero che la fa sentire impotente.

L'isolamento di Roccasa per la generazione del Brivido e per quella successiva è ormai una tradizione consolidata, un dato di fatto che con il passare del tempo si è cristallizzato in un concetto – la "bogonea". Una specie di maledizione senza volto che colpisce sia quelli che provano a lasciare il paese, sia quelli che provano a entrarci.

Per i secondi Dora non ha dovuto fare nulla, le cose sono andate al loro posto senza bisogno del suo intervento. Don Antonio e quell'idiota del motociclista sono stati doni che la sorte le ha offerto senza chiedere nulla in cambio.

Riguardo invece ai fuggitivi Dora ha potuto contare su Elsa, un'occasione provvidenziale per prendere un singolo caso, manipolarlo e lasciarlo attecchire fino a farlo diventare un monito per tutti.

Circa un anno dopo che la ragazza aveva lasciato il paese, Dora aveva iniziato a seminare riferimenti, in apparenza distratti e invece calibrati alla perfezione, al fatto che non se la passasse bene, che il marito fosse un borchio violento.

Quei primi semi però non avevano trovato un terreno propizio: i maltrattamenti per le donne del paese erano quotidiani e non funzionavano come deterrente. Solo qualche tempo dopo, e considerata la congiuntura di circostanze favorevoli (la sopraggiunta morte dei genitori di Elsa, la sua mancanza di amicizie salde con gli abitanti di Roccasa), Dora aveva intuito che la maledizione di chi se ne andava, per essere efficace, doveva distendere la sua ombra sul futuro. Solo così avrebbe attecchito, propagandosi senza bisogno che lei facesse altro. E quindi erano nate le leggende sui figli di Elsa: prima quella sul primogenito nato morto, poi quella sui gemelli con un solo corpo e due teste, poi sui tre figli nati privi di un arto. Voci discordanti le cui contraddizioni, come Dora aveva previsto, invece di indebolire la leggenda avevano contribuito a rafforzarla. La morte di Elsa, sulle cui cause neanche Dora era riuscita ad avere notizie precise, era stata il sigillo di cui la maledizione aveva bisogno.

Ma di tutto questo la nuova generazione non sa nulla,

e anche quando ne sente parlare lo considera un racconto lontano nel tempo, volatile, privo di carne.

Non ho bisogno di quegli stupidi ragazzini, pensa adesso Dora con sdegno, e come ogni volta a questo pensiero ne fa da contraltare un altro, pronunciato da una voce sibilante che forse è la sua o forse solo una perfetta, perfida imitazione: *E se fossero loro a non avere bisogno di te?*

Mentre osserva Evelina e suo padre fermarsi per il pranzo, Dora capisce che se vuole mantenere anche in futuro la presa su Roccasa sarà necessario coinvolgere i ragazzini, dar loro in pasto qualcosa di concreto.

È una risoluzione che le riempie i polmoni e le infonde nuove forze.

Fa un ultimo respiro profondo e inizia la sua faticosa discesa verso casa.

9

Sono passati sei mesi da quando don Ettore ha trovato il diario di don Antonio.

Non lo ha mai aperto, non si è permesso di leggerne neppure una riga, nonostante la tentazione si sia fatta via via più invasiva, di pari passo con i suoi frustrati tentativi di capire qualcosa di Roccasa e delle sue dinamiche.

Del resto, non c'era motivo per illudersi che tra le pagine del diario di un suicida ci fossero risposte soddisfacenti, ed era anzi probabile che avrebbero dato origine a ulteriori domande.

Poi è arrivata una specie di epifania, che lo ha sorpreso una sera mentre osservava la sagoma scura di Roccasa al tramonto.

Che il paese fosse piccolo era evidente a chiunque ci capitasse: le case erano rade e disseminate senza alcuna progettazione, come grossi dadi lanciati sul verde ripiano della vallata.

Quella sera però aveva notato per la prima volta che oltre al suo modesto sviluppo orizzontale il borgo ne aveva anche uno verticale, e che questo era forse meno visibile ma più eloquente.

Roccasa era come una cattedrale i cui pezzi erano sparpagliati per il paese, e che solo osservata da una distanza sufficiente si ricomponeva in un corpo unico. C'erano il bosco occidentale e quello orientale, con le loro cime frustate dal vento, a fungere da torri laterali. C'era il monte Severo, sullo sfondo ma abbastanza alto da farsi beffe della prospettiva e imporsi come corpo centrale. C'erano i comignoli delle case, che instancabili proiettavano pinnacoli di fumo verso l'alto. E infine c'era il pozzo, per gli abitanti centro del paese e punto di incontro, ma che secondo la disposizione che stava prendendo forma nella mente di don Ettore era invece il ventre della cattedrale, l'ingresso delle sue catacombe.

Solo quando la sua personale planimetria di Roccasa era stata completata si era reso conto con stupore di aver colpevolmente trascurato un elemento del paesaggio che pure gli era così familiare: il campanile. E per associazione gli era venuta in mente la caduta di don Antonio, una negazione dello sviluppo verso l'alto del paese, una cocciuta volontà di fare il percorso opposto.

A quel punto il diario aveva smesso di essere un documento personale a cui si doveva rispetto e riservatezza ed era diventato per don Ettore un codice utile a decifrare la situazione di Roccasa, forse l'ultima possibilità a sua disposizione per penetrare la vita spirituale del paese, per riuscire a salvare un'anima, anche una sola.

Don Ettore ha sempre ammirato la sura del Corano che dice: "Chi salva la vita di una persona è come se avesse salvato tutta l'umanità", ma solo adesso, solo qui, gli sembra di poterla davvero mettere in pratica.

Forse è una possibilità messagli a disposizione dalla Provvidenza, dopo la lacerante sensazione di irrilevanza che ha patito durante il suo incarico precedente.

Quindi si decide, prende il diario di don Antonio dal cassetto in cui lo ha conservato al riparo da tutti, Marisa compresa, e alla luce di una candela inizia a leggerlo.

«No, no, che scoperchio fai, passalo sotto, sotto, di lì, fallo girare attorno...» Marcello sbuffa. «Dai qui, e guarda bene quel che faccio io. Prima lo fai passare sotto, così, poi giri e stringi.»

Ha provato a insegnare il nodo a Tobia decine di volte, ma il fratello continua a confondersi, a scambiare i passaggi. Quando sbaglia incrocia le braccia e mette su un broncio indifeso che a Marcello causa fastidio e senso di colpa.

«Ci sei quasi, forza» dice adesso per tranquillizzarlo, «ancora un po' di allenamento e riuscirai a chiuderlo. Ma ti devi esercitare, se no è tutto inutile, capito? E ringrazia che te lo insegno io e non papà, lui ha molta meno pazienza di me.»

«Quanti anni avevi quando te l'ha insegnato?»

«Circa gli stessi che hai tu adesso. Ma ci ho messo meno di te a imparare, perché ogni volta che sbagliavo mi arrivava uno scappellotto in testa, e guai se piangevo. Quindi levati quell'espressione dalla faccia e non ti lamentare. Adesso dammi qua, e andiamo a vedere se abbiamo preso qualcosa. Ti ricordi dove abbiamo messo le trappole?»

«Sì, una era subito dopo l'albero colpito dal fulmine, la seconda...»

«No, no, niente chiacchiere. Non basta ricordarsi dove sono, bisogna anche saperci arrivare. Vai avanti tu, io ti seguo.»

Tobia si calca in testa il cappello, giù fin sopra le orecchie, fa un respiro profondo, si avvia verso il bosco orientale con passo deciso e testa alta.

Trova la prima trappola con facilità, anche perché è la più vicina al limitare del bosco.

È vuota, ma la delusione per non aver preso nulla viene mitigata dalla fierezza per essere arrivato fin lì senza bisogno delle indicazioni di Marcello, ora accosciato per controllare che il fil di ferro sia ancora teso tra i due tronchi e che l'esca sia al suo posto.

«Ci sono sempre meno animali, in giro» dice. «Vediamo se nelle altre c'è qualcosa.»

Tobia si guarda attorno, si toglie il cappello, si gratta la testa, muove un passo.

«Mmh» dice Marcello. «Sicuro?»

Tobia si blocca, il piede sinistro a mezz'aria. «Zitto, zitto» dice rimettendosi il cappello, «non dire niente, ora mi ricordo!»

Cambia direzione, e il silenzio del fratello conferma che è quella giusta.

Anche la seconda trappola è vuota, Marcello la controlla come ha fatto con la prima. Poi, quando si rimettono in cammino e si rende conto che Tobia sta sbagliando di nuovo direzione, decide di non intervenire.

Camminano in circolo per venti minuti buoni. Il sole è

quasi tramontato del tutto, la luce che penetra nel bosco è fioca e incostante. Più i suoi punti di riferimento si fanno vaghi, più Tobia si sente rimpicciolire.

Si lascia cadere per terra, il sedere su uno strato di foglie che stanno marcendo. «Mi sono perso» ammette. «Ma non è giusto, col buio non riesco più a vedere bene dove andiamo.»

Marcello non si scompone. Una parte di lui è quasi sollevata nel constatare che Tobia non è ancora in grado di chiudere il nodo, o di orientarsi da solo. Quando diventerà davvero indipendente, Marcello sa che perderà gran parte dell'ammirazione (del *potere*?) di cui gode finché il suo aiuto è ancora indispensabile. Ma a quanto pare quel momento è ancora distante.

Si incammina, Marcello, senza dire nulla. Indica una pietra dalla forma particolare, un rampicante che ha preso il sopravvento su un tronco, una macchia di pungitopo che si è sviluppata in modo abnorme, colonizzando tre metri quadrati di sottobosco. Sono i punti di riferimento che Tobia dovrebbe aver memorizzato, le coordinate delle possibili triangolazioni che gli permetterebbero di trovare qualsiasi cosa a partire da qualunque punto del bosco.

Tobia riconosce la zona. «Eccola, eccola!» esulta, forse sperando che questo possa cancellare il fallimento precedente. La terza trappola era tesa tra il tronco di un nocciolo ricurvo come un serpente e un cespuglio di bosso.

Tobia corre, e quando è abbastanza vicino si gira verso il fratello e saltella. «Ne abbiamo preso uno, lo abbiamo preso!» urla, prima ancora di aver capito cosa sia quella palla di pelo strangolata dal fil di ferro.

È una lepre, un bell'esemplare di quattro chili, a occhio. Si chinano a osservarla, la lingua fuori, gli incisivi giallastri sguainati in un'ultima smorfia, poi Tobia sussulta.

«Hai visto?»

«Visto che?»

«Si muove» dice Tobia, saltando in piedi e indietreggiando di un passo.

«Macché» risponde Marcello. «Mai visto una lepre più morta di così.»

«Perché non mi credi mai? Ha mosso la coda, ti dico, sono sicuro.»

Marcello scuote la testa, appoggia la mano sulla schiena della lepre, non sente nulla, né respiro né reazioni. Allora la solleva, ed eccoli lì, due leprotti grandi poco più del suo pugno, rintanati sotto il corpo della madre da quando quella ha infilato la testa nel cappio di fil di ferro, terrorizzati.

«Merda» dice Marcello passandosi una mano sulla fronte, lisciandosi all'indietro i capelli un po' troppo lunghi. «Merda.»

«E adesso che facciamo?» chiede Tobia. «Poverini» dice, «ce la faranno a sopravvivere, secondo te?»

«Certo che no, non so neanche se ci vedono. La cosa migliore che gli può capitare a questo punto è di venir mangiati da qualche altro animale, così almeno evitano di morire di fame.»

«Quando abbiamo messo le trappole io non ci avevo pensato ai cuccioli, non volevo...»

«Ascoltami bene» dice Marcello, «questa cosa non piace neanche a me, d'accordo? Ma stiamo andando a caccia, e quando uccidi un animale devi mettere in conto che abbia dei cuccioli, o dei genitori. Se cominci a farti troppe domande tanto vale che smetti di andare a caccia. La cosa giusta da fare è essere misericordiosi. Lo sai che vuol dire, no?»

«Sì che lo so, Marisa ce lo ha spiegato, ma come facciamo a essere misericordiosi adesso?»

«Dobbiamo fare quel che va fatto, anche se può sembrare una cosa cattiva.»

Tobia ci mette qualche secondo a capire cosa intenda. «Va bene» dice poi, «ma fallo tu. Io non so se son capace...»

Marcello lascia cadere la lepre, lo prende per la giacca, lo tira a sé. «È per questo che ti porto in giro con me, perché devi imparare, devi crescere. Se non smetti di piagnucolare, di avere paura di tutto, prima o poi fai la fine di questi due leprotti qua, in mano a qualcuno che deciderà cosa fare di te. E stai pur sicuro che non sceglierà di rimboccarti le coperte e darti un bacio in fronte. Quindi, adesso tu li prendi, li porti all'Anguilla e li tieni sott'acqua finché non smettono di respirare. Intesi?»

«Ma non possiamo portarceli a casa? Così, se sopravvivono, tra un po' sarà come aver preso altre due lepri con le trappole, forse se...»

«Intesi?» dice Marcello scuotendolo di nuovo.

Tobia fa cenno di sì con la testa, si china a raccogliere i due cuccioli.

Sono caldi, ma tremano.

«E come faccio a sapere quando li ho tenuti sotto abbastanza?»

«Quando smettono di agitarsi vedrai che te ne accorgi. E cerca di tenergli il muso chiuso, che anche da piccoli se ti mordono fanno un male dello scoperchio.»

Tobia li raccoglie, tende l'orecchio per lasciarsi guidare dalla voce dell'Anguilla che sibila poco lontano. Quando raggiunge la riva, complice la scarsa luce, fa un passo di troppo e l'acqua gli infradicia una scarpa. Gelida, gli morde la pianta del piede, ma tutto sommato è una buona notizia, perché apre alla speranza che il freddo faccia la sua parte e uccida i cuccioli in fretta.

«Mi spiace» sussurra Tobia avvicinandosi i due pugni alla bocca.

Ma poi non riesce a immergerli.

Si guarda indietro, Marcello sta lavorando la carcassa della lepre con il coltello e non guarda verso di lui. Potrebbe liberarli, lasciarli vivere, ma piccoli come sono dubita che riuscirebbero a fuggire rapidamente. E se Marcello si avvicinasse, se scoprisse il suo tradimento, sarebbe capace di schiacciare i leprotti sotto le scarpe, senza il minimo rimorso. Per loro non farebbe alcuna differenza, forse, ma per Tobia sì, in qualche strano modo che non è in grado di spiegare. Tocca a me, devo farlo io, pensa, perché se non lo faccio le cose andranno a finire ancora peggio di così.

Eppure, ancora non riesce a immergere le mani.

Si appoggia con la schiena a un albero e sente la corteccia sfarinarsi in frammenti che gli cadono tra i piedi. L'albero è morto, o sta per morire, comunque sia si sta squamando in pezzi di diverse forme e dimensioni.

Nota un mezzo cilindro di legno lungo tre spanne, secco e spesso. Lo prende, lo appoggia sull'acqua per essere certo che galleggi, poi ci mette sopra i due cuccioli e lo allontana dalla riva con una leggera spinta. Prima mossa dall'inerzia, poi ghermita dalla corrente, la sua scialuppa di salvataggio prende il largo.

E lui sperimenta l'inedita euforia di chi sta perlustrando per la prima volta un territorio sconosciuto. Ha appena scoperto un sentiero di cui non sospettava l'esistenza, parallelo a quello della cieca sottomissione ai genitori e al fratello, una scorciatoia che si può imboccare solo grazie all'astuzia e alla disobbedienza e che alla fine conduce alla stessa meta.

E mentre si riempie i polmoni di questa inebriante consapevolezza vede il legno che inizia a beccheggiare, uno dei leprotti si è mosso e ha turbato la simmetria con cui li aveva posizionati. Cade in acqua, scompare lasciando cerchi concentrici a propagarsi sulla pelle dell'Anguilla. Poi il legno ritrova l'equilibrio e riprende la sua pigra avanzata.

Tobia lo sta ancora osservando quando una mano sulla spalla lo fa trasalire.

«Allora?» chiede Marcello. «Hai fatto?»

«Sì, sono andati sotto, e poi non li ho visti più.»

«Bene, era la cosa giusta da fare. La prossima volta, se non ci sono cuccioli di mezzo, magari ti insegno come si sventra una lepre. Torniamo indietro, tra un po' sarà così buio da non riuscire a vedersi i piedi.»

Tobia teme che gli chieda di fare strada fino a casa, invece Marcello si butta la lepre ancora gocciolante su una spalla e fischiettando si mette in cammino.

Quando arrivano il buio ormai si è preso tutto.

Sulla soglia c'è Zeno.

Fuma, una sagoma scura che si staglia contro la luce gialla che viene dalla porta aperta alle sue spalle.

«Papà, papà!» grida Tobia. «Abbiamo preso una lepre! E bella grossa, anche!»

«Tutto qua?» risponde Zeno.

Svuota la pipa battendola sulla suola della scarpa e rientra in casa, senza aspettarli.

È tutto come nove mesi prima: un pomeriggio sonnolento senza nulla da fare, quattro ragazzini che sbadigliano ai bordi di un paese letargico.

Allora la miccia della novità era stata accesa da Marcello, adesso è invece Evelina che si alza in piedi, si stiracchia e chiede: «Voi ci pensate mai all'incidente? Un po' di tempo fa sono passata di lì, andando al mulino con mio padre. Ho visto il rottame buttato sull'erba e da quel giorno mi viene in mente di continuo. Non vi sembra strano quel che è successo?».

«Strano in che senso?» risponde Tobia.

«Non lo so, uno si schianta e muore alle porte del paese, e nessuno si chiede cosa è successo e chi era, nessuno ne parla più.»

«Non c'è mica tanto da parlarne, mi sembra» dice Marcello.

«Abbiamo parlato tutti di cose anche meno interessanti, se è per quello: le galline che improvvisamente facevano meno uova, la gotta di questo e la piorrea di quell'altro, poi uno finisce bruciato e tutti fanno finta di niente. A me sembra strano, altroché.»

«Un po' strano è, in effetti» dice Tobia.

«Non più strano di tante altre cose che succedono da queste parti» dice Teresa. «Però anche io sarei curiosa di sapere qualcosa in più su quella notte, solo che ormai è passato troppo tempo e mi sa che c'è poco da fare.»

«Possiamo andare a vedere, almeno. Io non ci sono mai stato, laggiù, dopo l'incidente. E poi tanto mica abbiamo di meglio da fare» dice Tobia.

Sarà la mancanza di alternative, sarà il fascino della ripetizione che sembra sempre capace di sedurre gli abitanti di Roccasa, comunque i quattro si mettono in cammino come nove mesi fa, verso i resti che la morte stavolta ha sparpagliato lungo il ciglio della strada invece che alla base del campanile.

Attraversano il primo ponte, puntano verso nord costeggiando la pancia dell'Anguilla e seguendone l'argine, guadano il fiume in un punto in cui torna a restringersi e dove una fila di pietre affioranti dalla superficie può essere usata come appoggio.

Marcello, che chiude il gruppo, scivola su un sasso reso viscido da una patina verdognola e finisce in acqua fino alle ginocchia.

Teresa ed Evelina cominciano a ridere, sorride in silenzio anche Tobia, ed è solo a lui che Marcello si rivolge: «Cosa ti ridi, borchio da niente? Dammi una mano, invece, e aiutami a tirarmi su».

Tobia ammutolisce, torna indietro, cerca un appoggio stabile e allunga un braccio.

Marcello ci si aggrappa, tira con tutto il vantaggio del suo maggior peso e trascina giù anche il fratello, a cui l'acqua arriva fino alla cintura.

«Bella fresca, eh» dice. «Quando ti bagna le palle ti fa passare in fretta la voglia di fare lo spiritoso.»

Entrambi i fratelli guadagnano di nuovo la riva, e quando si rimettono in cammino i loro passi grondanti si accompagnano a quelli delle ragazze, fruscianti nell'erba alta.

Diversamente da quanto ipotizzato da Evelina non ci sono animali né insetti rintanati nella carcassa del veicolo – o se c'erano si sono rifugiati altrove sentendo che qualcosa si stava avvicinando.

Per Tobia, che più di tutti era curioso di vederla, non è semplice farsi un'idea precisa di quale fosse la sua forma prima dell'incidente.

Stesa su un fianco nell'erba, per buona parte sfigurata dalle fiamme e per il resto ricoperta di ruggine, si fa fatica anche a capire quale fosse il suo colore originario. A contatto con il calore l'imbottitura del sellino invece di consumarsi sembra essere aumentata di volume, è fuoriuscita e si è solidificata in una strana schiuma bitorzoluta.

«Non so bene cosa pensavamo di trovare» dice Teresa, «ma tutto quello che vedo è un catorcio bruciacchiato. Io vado a sedermi.»

Seguita da Evelina si avvia verso un leccio a bordo strada, che proietta una tonda pozza d'ombra.

Tobia, senza far caso alle ragazze, continua la sua perlustrazione.

La ruota di scorta, attaccata sotto il manubrio, si è sciolta ed è colata in una chiazza scura sulla pedana, mentre tutto il fianco destro del veicolo, persa da qualche parte la carrozzeria, mette in mostra quel che resta del motore.

Tobia è attratto da un coperchio circolare, sotto cui si intravede qualcosa di simile a una ventola. Allunga un dito per toccarla, lo ritrae di scatto appena Marcello urla: «Attento!».

Quando si gira, il fratello maggiore sta sghignazzando, con le mani sotto le ascelle.

«Sarai più grande ma sei anche più cretino, però» gli dice Tobia. «Proviamo a rimetterla in piedi?»

«Spòstati» risponde Marcello, «faccio io.»

Con un grugnito riesce a liberarla dal groviglio di erba e sottobosco che un po' alla volta la stava avvolgendo e a raddrizzarla, i cerchioni appoggiati sul ciglio della strada che bastano a tenerla in piedi anche senza bisogno del cavalletto.

Tobia le saltella attorno. «Secondo te si può rimetterla a posto?» chiede al fratello.

«Ma non lo vedi com'è messa? Non c'è neanche un pezzo sano.»

«Da questa parte forse sì» dice Tobia, indicando il lato che giaceva sull'erba, meno ammaccato dell'altro e appena meno intaccato dalle fiamme.

«Sicuro che non ce la facciamo?» insiste.

«Se va bene riesci a tirare fuori due bulloni da usare come pezzi di ricambio, ma questa non si muove più, garantito» risponde Marcello, l'aria esperta che usa sempre per far colpo, anche quando parla di qualcosa che non conosce.

«Però a me continua a sembrare strano.»

«Che cosa c'è di strano adesso? Sentiamo...»

«Che deve essere strisciata per terra per un bel pezzo, su quel lato lì, che infatti è molto più malmesso. Eppure l'abbiamo trovata stesa sull'altro, quindi dopo l'incidente qualcuno deve averla spostata.»

«E chi?» chiede Marcello, sorpreso dallo spirito di osservazione del fratello.

«Gli stessi che hanno portato via il corpo, no?» dice Teresa alle loro spalle, facendoli trasalire entrambi.

«E che hanno portato i fiori» continua Evelina. «Avete provato ad aprire il cassettino sotto la sella?»

Indica un piccolo sportello, con i bordi sbeccati e anneriti.

Marcello e Tobia provano a forzarlo con le mani, ma la serratura resiste. Tentano con un bastoncino, che si spezza subito. Marcello allora si guarda attorno, trova una lamina di metallo lunga un dito, staccatasi da qualche parte, forse dal ventre del motore.

«Proviamo con questa» dice. La infila sotto il bordo dello sportellino, fa leva, e il cassettino si apre con uno schiocco.

Le quattro teste, due per lato, si chinano fino a sfiorarsi le orecchie.

Il vano è profondo una spanna, vuoto.

«A questo punto ce ne possiamo andare sul serio» dice Marcello, la delusione che gli fa abbandonare le braccia lungo i fianchi.

«Prima però dammi un attimo il ferro» dice Tobia. Pulisce con la mano la carena anteriore dal fango incrostato, poi armeggia con il pezzo di metallo, si fa un taglio alla base del pollice, impreca, e infine si lascia sfuggire un urletto di soddisfazione.

Ha qualcosa in mano, lo lucida come può sui pantaloni, poi con solennità lo mostra agli altri.

È una piccola piastra di metallo, sagomata in cinque lettere inclinate e unite da una sottolineatura, che compongono una parola: *Vespa*.

«Bella» dice Teresa, «ma adesso andiamo?»

«Che c'entrano le vespe, secondo voi?» chiede Evelina.

«Ma chi se ne frega, siamo venuti fin qui per niente» dice Marcello, che osserva Tobia mettersi la targhetta in tasca, poi dà un calcio alla Vespa facendola barcollare, e poi un altro che la fa cadere, di nuovo, riversa nell'erba.

Sandrone era un brav'uomo, a Roccasa non c'era nessuno che avrebbe potuto sostenere il contrario. Fino a dieci anni era stato il bambino più gracile della sua generazione, era nato prematuro e per un po' aveva fatto fatica a tenere il ritmo di crescita degli altri, che per questo lo prendevano in giro di continuo.

«Attento a non romperti, Sandrino» dicevano.

Era stata proprio la sua debolezza, il suo sembrare costantemente inerme, a renderlo simpatico a Dora quando entrambi avevano all'incirca nove anni.

Poi, in un solo inverno, Sandrino era cresciuto di una spanna in altezza, gli si era aperto il torace, allargate le spalle, e buona parte di quelli che lo guardavano dall'alto in basso adesso ne erano sovrastati. Non si era trattato di uno strappo isolato, ma delle prime avvisaglie di una progressione: Sandrino aveva continuato a crescere e crescere, e arrivato a quindici anni era ormai più imponente di qualsiasi altro abitante del paese, adulti compresi.

Nel giro di poco tempo per tutti era diventato Sandrone.

E nonostante questo, Roccasa non aveva smesso di infierire su di lui.

Non potendo più fare ironia sulla sua costituzione, i coetanei avevano iniziato a metterne in dubbio l'intelligenza. «Questo lo capisce anche Sandrone» dicevano, riferendosi a qualcosa di così semplice da essere autoevidente.

Quanto a lui, che si rendeva conto di non essere una cima ma allo stesso tempo sapeva di non essere tonto come gli altri lo dipingevano, sembrava non dare molto peso a quel che si diceva sul suo conto.

Dora forse si era innamorata di lui proprio per questo: non importava quanto Roccasa colpisse duro, quanto lo avesse deriso per il fisico prima e per la testa poi, nulla pareva capace di ferirlo davvero.

Nel sorriso sfuggente che opponeva alle angherie, in cui tutti credevano di scorgere una manifesta debolezza di intelletto, Dora leggeva invece una forza così granitica da non aver nessun bisogno di venire dimostrata.

«Era peggio quando da piccolo mi prendevano in giro perché ero secco» le aveva detto una volta, poco prima che si sposassero, «perché quello era vero, e i bambini sanno essere così cattivi... ma adesso se mi dicono che sono grosso e giando non mi interessa tanto. Possono pensare quello che gli pare, io non ho certo voglia di mettermi lì a dimostrargli che hanno torto, nossignore.»

Sposarsi con Sandrone per Dora era stata anche una specie di obliqua vendetta verso sua sorella Marisa – identica a lei nell'aspetto e quindi ad armi pari nella ricerca di un buon partito –, la quale non aveva trovato ancora nessuno con cui accasarsi e aveva quindi ripiegato, con una vocazione che Dora reputava tardiva e fasulla, sul ruolo di perpetua.

E il matrimonio portava con sé anche la possibilità di una seconda, ulteriore rivincita. Da qualche tempo Marisa, non ancora ventenne, aveva iniziato a ricoprire il ruolo di maestra del paese, mansione che la riempiva di sincera gioia e le era valsa una nuova considerazione da parte della comunità.

Che continui pure a occuparsi dei figli degli altri, pensava tra sé Dora con perfida soddisfazione prima, durante e dopo le nozze. Presto io ne avrò di miei, pensava.

E non escludeva neppure di prendersi cura in prima persona della loro istruzione, meglio di quanto fosse capace di fare Marisa con i figli degli altri. Proprio per questo motivo Dora aveva iniziato a studiare, a leggere tutto quello su cui riusciva a mettere le mani – ovvero tutto quello che era contenuto nella piccola ma fornita biblioteca della chiesa.

Dopo aver messo la testa avanti nella gara verso la costruzione di una famiglia, aveva iniziato la rincorsa di Marisa in quella verso la conoscenza.

Folklore, agraria, storia delle religioni, ogni libro era una miniera di informazioni di cui i suoi compaesani erano all'oscuro, e che lei non aveva alcuna intenzione di condividere. E ogni libro non faceva che acuire il suo disprezzo e il suo senso di superiorità verso tutti quelli che la circondavano.

Poi la notte del Brivido aveva preso la sua vita e i suoi progetti e li aveva scossi come si fa con una tovaglia alla fine del pasto.

Quando la metà ustionata del viso aveva smesso di farle ribrezzo, quando era riuscita a scendere a patti con quel che era successo e con quel che aveva *fatto*, Roccasa non era più la comunità che credeva di conoscere così bene.

All'inizio c'erano stati gli sguardi che venivano distolti dalla sua pelle fusa, poi la ritrosia dei compaesani a chiederle cosa fosse successo quella notte, il che non impediva comunque loro di mostrare riprovazione per lei, che da quella stanza da letto era uscita sì sfigurata, ma perlomeno viva.

A nessuno pareva possibile che quel giando di Sandrone potesse avere qualche colpa, e così la posizione di Dora in seno alla comunità si era fatta via via più scomoda.

Solo Marisa in un primo momento aveva cercato di capire, l'aveva supplicata di spiegare – proprio Marisa, sì, con quella sua faccia liscia che non smetteva di ricordarle il suo aspetto prima del Brivido.

Ma anche lei dopo un po' aveva rinunciato, vivendo l'insanabile frattura con la gemella con un senso di colpa che l'aveva schiacciata e ammutolita sempre di più.

Dora insomma era rimasta sola, sospettata di aver ucciso il marito senza un valido motivo. Per mesi, e anni. Almeno finché, con un ritardo di cui lei stessa non sapeva darsi spiegazione, la follia che aveva inquinato i pensieri di Sandrone non aveva iniziato a contagiare tutti gli uomini di Roccasa. In una forma più lieve, forse, ma non meno invalidante: se Sandrone quella notte era deciso a ucciderla su due piedi e senza alcuna avvisaglia, gli altri si fermavano qualche passo prima. Spezzavano, tagliavano, slogavano, ma prima di spingersi troppo in là sprofondavano esausti nel sonno.

Per Dora era stata una rivincita, o meglio ancora una rinascita. Osservava le donne che fino a poco prima la giudicavano, mostrava loro l'ustione con fierezza, come simbolo della differenza tra chi aveva reagito e chi subiva passivamente.

Ora il suo racconto della notte del Brivido veniva non solo ascoltato, ma addirittura sollecitato. Un po' alla volta era tornata a far parte della vita sociale del paese. Le sue sofferenze erano state riscattate, il suo lugubre primato nell'aver visto gli occhi della Bestia in quelli di Sandrone ora veniva trattato con rispetto.

E poi erano iniziate le voci su Ada.

Qualcuna aveva rispolverato per lei il ruolo di "sarachìa", un termine a metà strada tra strega e sacerdotessa e risalente a culti che nessuno celebrava da almeno mezzo secolo.

Si diceva che fosse l'unica a sapere *davvero* cosa stesse succedendo, addirittura che fosse in grado, se non di guarire la malattia che aveva colpito Roccasa, almeno di attenuarne i sintomi.

Così Dora aveva dovuto subire una seconda esclusione, ancor più dolorosa della prima. Sapere quando tutti ignoravano era stata una posizione non priva di una sua tragica grandezza, ma che le sue sofferenze venissero messe in secondo piano dall'arrivo di una fattucchiera da due soldi, questo Dora non era mai riuscita ad accettarlo.

In seguito alla morte di Ada l'autorità di Dora aveva fatto di nuovo capolino, per poi venire annientata in via definitiva quando si era scoperto che il culto della sarachìa aveva messo radici profonde, che era stato trasmesso di madre in figlia senza perdere vigore.

Dopo Ada era venuta Dolores, dopo Dolores era venuta Nives, e anche lei aveva avuto una figlia femmina.

A settant'anni compiuti, la metà sana del viso che si sta facendo sempre più simile a quella sfigurata, Dora non ha mai smesso di odiare Roccasa, il paese che per due volte ha vilipeso suo marito, e per due volte ha messo da parte lei.

E di tutta Roccasa quel che odia di più sono le sarachìe, le infide, bugiarde, usurpatrici sarachìe.

Ha promesso a se stessa che non le sopravviveranno, costi quel che costi.

E, vista la sua età, non c'è tempo da perdere.

10

È dicembre, sono passati sei mesi dal seppellimento, e come tutte le volte precedenti sono stati confusi, popolati di dubbi e voci. Eppure, arrivata al suo quinto Ciclo come sarachìa, Nives sente di averci fatto l'abitudine.

Le era stato preannunciato, del resto: «Non pensare troppo a quello che fai e arriverà il momento in cui smetterà di sembrarti morboso e diventerà naturale, solo un aspetto del continuo avvicendarsi delle stagioni».

Parole di Dolores che ai tempi erano suonate implausibili, vista l'enormità di quel che le veniva richiesto e l'orrore che aveva provato scoprendolo, ma che adesso si stanno rivelando profetiche. Non ci sarebbe nulla a turbarla, in questa nuvolosa notte di dicembre, se non fosse per il tarlo della successione.

Tra non molto dovrà decidersi a parlare con Teresa, spiegarle cosa l'aspetta, raccontarle tutto quello che sa del Brivido e della Bestia, dell'Albero e delle sarachìe.

Non crede di aver sbagliato a ritardare la formazione di sua figlia, la sua ostinazione a voler aspettare che fosse abbastanza grande le sembra sia stata una scelta più che giustificabile, nonostante tutti i grattacapi che le ha dato nel rapporto con sua madre.

È però conscia che aver rimandato così a lungo adesso la costringe ad accelerare, a svelare tutto insieme, e non è sicura che Teresa – ancora convinta che una sarachìa si limiti a preparare infusi e pozioni – sia abbastanza forte per sostenere questo peso. È un dubbio di cui non riesce a liberarsi e che le mette addosso un malessere viscido e persistente.

Ora cammina, per distrarsi ripassa le formule che le sono state tramandate, pur essendo certa che siano solo vuote formalità, al pari del rispetto maniacale per date e scadenze.

Ha prima messo in discussione e poi disatteso senza scrupoli la liturgia su cui le sarachìe precedenti facevano affidamento. Ha però rispettato la sostanza del loro retaggio, convinta che solo a quella fosse dovuta la buona riuscita del suo compito. E i fatti le hanno dato ragione: il suo rifiuto dell'ortodossia, che tanto aveva allarmato la madre fino a farle presagire che Nives avrebbe mandato in rovina una volta per tutte Roccasa, si è rivelato ininfluente.

A questo pensa, non senza una certa soddisfazione, mentre procede verso l'Albero facendo attenzione a non scivolare.

Rispetto agli inverni precedenti non è caduta molta neve, solo pochi centimetri, che però si sono compattati in una corazza di ghiaccio che renderà faticoso il disseppellimento.

Nel tascapane Nives ha come sempre il coltello da caccia di Elvezio, oggi più che mai utile per scoperchiare il mausoleo del non-nato.

Arriva all'Albero, accarezza la corteccia per qualche secondo, poi si mette al lavoro.

Con quattro incisioni di una trentina di centimetri ritaglia una spessa mattonella di muschio, terra e ghiaccio.

Scava ancora un po', a mani nude, con una cautela da cui traspare un distorto affetto materno, del tutto sorprendente se si considera cosa sta per fare.

Estrae il cartoccio di foglie, che la temperatura – o qualcos'altro – ha conservato integre e verdi.

Le rimuove una alla volta, e quando arriva in fondo l'Albero sembra scosso da un tremito. Non è solo il vento che agita i rami e fa stormire le foglie, è un fremito che fa sussultare la pianta fino alle radici e da lì si trasmette al terreno su cui Nives è inginocchiata, con il non-nato in mano e la bocca aperta.

Tiene gli occhi fissi sui due buchi nella corteccia, dove la Bestia ha cozzato contro l'Albero infondendogli parte della sua essenza, e quindi non si accorge della figura che si muove alle sue spalle, non la sente finché quella non le parla.

«Salute, sarachìa» dice.

«Che vuoi?» chiede Nives senza alzare lo sguardo, come se essere sorpresa in quel momento, in quel luogo, non fosse qualcosa che la turba.

«Parlare. Fare domande e ottenere le risposte a cui ho diritto.»

«Non hai nessun diritto, e lo sai bene. Per questo paese non hai mai fatto nulla di buono, e anzi spesso hai fatto del male, calunniando, seminando zizzania. Comunque, parla. Ti ascolto.»

«Guardati. Sei inginocchiata, di notte, in mezzo alla foresta, e stai riesumando qualcosa, immagino la stessa cosa che hai seppellito mesi fa. Quello che voglio sapere mi sembra logico: cosa stai combinando, qui, sarachìa?»

«E tu vuoi davvero sentirti rispondere che non sono affari tuoi? Che quel che faccio serve alle donne del paese, quelle che ogni notte vengono umiliate? Categoria in cui tra l'altro tu non rientri, per le ragioni che conosciamo tutti.»

È una faccenda che è iniziata cinquant'anni fa e che coinvolge tutta Roccasa, eppure le due donne che adesso si fronteggiano la considerano ormai una faccenda privata. Nonostante l'esplicito livore, entrambe bisbigliano, come per un tacito accordo. Non hanno nessun interesse, seppur per ragioni diverse, ad attirare qualcuno fin lì e a dover dare spiegazioni.

A veicolare la reciproca antipatia sono solo i tre occhi che si fronteggiano: alteri e quasi beffardi quelli di Nives, mobilissimo e iniettato di sangue quello di Dora.

Nives adagia di nuovo il non-nato nella sua nicchia, lo ricopre con la mattonella ghiacciata e si alza in piedi.

«So che non mi crederai» dice, «ma mia nonna, quando tutto è cominciato, nutriva per te un certo rispetto. Ti avrebbe voluto dalla nostra parte, perché capiva bene cosa ti era capitato, avendolo in parte sperimentato. Ti considerava un tassello importante nella storia della maledizione che ci aveva colpite tutte. Diceva anche che nessuna di noi era in possesso di tutti i pezzi di quella storia, e che proprio per questo la condivisione era importante, che avrebbe fatto del bene a tutte. Pensava che ci avresti potuto chiarire le idee su come era cominciata, e sperava che saresti stata disposta a collaborare. Ma poi hai iniziato a remarle contro, a dipingerla come una ciarlatana ogni volta che ne avevi la possibilità, e a quel punto...»

«Bugie, schifose bugie da sarachìa! Ma io non sono sprovveduta come le altre, non mi bevo tutto quello che esce dalle vostre bocche.»

«Bugie, o verità che ti risultano scomode, o un miscuglio di entrambe le cose per mandarti in confusione, chi lo sa? Scegli la versione che preferisci, quella che ti fa stare meglio, per me non fa alcuna differenza. Ma lasciami fare quel che devo fare, qui ci sono in ballo cose più importanti delle beghe tra le nostre famiglie. Te lo chiedo come favore: tornatene a casa, lasciami finire.»

Dora sembra molto stanca, adesso.

Si appoggia all'Albero, rifiata, ed è allora che sente le escrescenze attorno ai due buchi. Non sa di preciso cosa siano, eppure percepisce come un solletichio quando ci appoggia le dita sopra. È la stessa sensazione che molti abitanti di Roccasa riferiscono di aver sentito alle gambe, una leggera scossa elettrica che dal terreno formicola su per le caviglie, i polpacci e poi scompare. Qualcuno dice che siano fulmini caduti chissà dove che si sfogano così, altri che ci sia qualcosa che frigge sottoterra, ma come per lo strano odore nell'aria nessuno ha certezze in merito.

Nives osserva lo stupore di Dora, non si lascia sfuggire il piacere di farlo evaporare.

«Lo senti, vero? Dovrai accontentarti di questo, come tutti. Percepire senza capire fino in fondo. Ora te lo chiedo per la seconda volta: lasciami fare il mio dovere, prima che sia mattina.»

«Chiedi favori ma suonano come minacce. Non mi stupisce che anche tua figlia abbia paura di te. O forse è odio, puro e semplice?»

«Non parlare di quel che non sai» dice Nives, che fa un passo avanti e appoggia una mano in mezzo al petto di Dora.

Complice il ghiaccio sotto i suoi piedi, basta una lieve spinta per farla vacillare, inciampare, finire col sedere per terra e la schiena appoggiata all'Albero.

Nives combatte l'istinto di prenderla a calci, e quando la vede proteggersi la testa canuta con gli avambracci, in attesa che arrivino i colpi, un'imprevista pietà si impadronisce di lei.

Dora adesso le sembra quello che forse nel profondo è, depurata da tutte le incomprensioni e le maldicenze e le invidie: una donna che ha più del doppio dei suoi anni, impaurita, infagottata, alla disperata ricerca delle uniche risposte che potrebbero addolcire una vita traboccante di dolore.

Entrambe hanno partecipato alla maledizione di Roccasa in maniera solitaria, defilata, senza neppure il sollievo della condivisione.

E allora Nives fa qualcosa di cui si stupisce lei stessa, qualcosa che sua madre e sua nonna non avrebbero esitato a bollare come un'imperdonabile imprudenza: tende la mano all'unica antagonista che le sarachìe abbiano mai avuto, per aiutarla a rialzarsi.

Dora valuta l'offerta per qualche secondo, poi si decide, afferra la mano di Nives, si rimette in piedi con una smorfia.

«Non pensare che questo basti a comprare il mio silenzio» dice, secca.

«Hai ben poco da vendere, e io non ho bisogno di comprare nulla. La tua testardaggine è quasi affascinante, ma alla lunga diventa stucchevole. Vuoi andare in paese a raccontare quello che hai visto? Accomodati, non ho alcuna reputazione da difendere. Racconta pure tutto, ma se pensi che le donne si scandalizzeranno, se pensi che mi chiederanno di smettere, è perché non hai ben chiaro quello che sono costrette a subire ogni notte, né quanto quello che sto facendo sia loro d'aiuto. E adesso non tirare in ballo il tuo passato, lo conosco a memoria e mi sono stancata di sentirlo raccontare. Considera solo che quello che hai patito quella notte loro lo rivivono *tutte* le notti. Io sono l'unico modo che hanno per lenire un po' la sofferenza. E ora, per la terza e ultima volta: lasciami fare il mio dovere.»

Una processione di nuvole sta sfilando davanti alla luna, a momenti di buio se ne alternano altri in cui la luce è sufficiente perché Nives riesca a vedersi i piedi. Ed è proprio lì che adesso sta cercando il coltello, decisa a portare a termine il Ciclo. Non riesce però a risparmiarsi un ultimo affondo.

«Forse» dice, «se ai tuoi tempi ci fosse stata una sarachìa, adesso Sandrone sarebbe ancora vivo…»

Non si accorge del coltello che Dora ha estratto da sotto il mantello, e all'inizio non sente neppure il dolore, solo lo sfregamento della lama che raschia contro l'osso del bacino.

Dora ha mirato al cuore, ma complice il buio e la mancanza di prospettiva data dall'occhio cieco il coltello è penetrato nel fianco di Nives, e lì è rimasto, piantato nella carne fino al manico.

Le due donne adesso si guardano, con uno stupore condiviso: una è sorpresa di ciò che ha fatto, l'altra di ciò che ha subito.

Nives sente una saetta che le scende giù per la gamba, fatica a stare in piedi, si accascia, ed è di nuovo carponi come quando Dora l'ha apostrofata sbucando dall'ombra.

Fa due respiri profondi, sbava.

Ha le caviglie di Dora a pochi centimetri dalle mani, sa che se riuscisse ad agguantarne una non ci vorrebbe molta forza per trascinarla giù con sé.

Solo che le braccia le servono da sostegno, le braccia sono rigide.

Riesce però ad alzare la testa, quel tanto che basta per vedere Dora che si allontana, in una senile e sghemba parodia di corsa, con una mano appoggiata sul fondoschiena.

Nives ha frequentato abbastanza a lungo gli ambigui territori della vita e della morte per rendersi conto che non supererà la notte, e pensa che ci sia una perversa logica nel fatto che la sua sconfitta abbia avuto luogo proprio qui, ai piedi dell'Albero.

Sta per lasciarsi andare, poi il ricordo degli affetti ha la meglio su tutto il resto, una scarpa piantata a terra e una mano sul ginocchio la mettono in piedi, la rimettono in movimento.

Il tempo non è molto, ma comunque è abbastanza.

Un passo alla volta, la gamba del lato ferito che si trascina come se fosse steccata, percorsa da saettanti scariche di dolore a ogni rotazione dell'anca, e un freddo sempre più appuntito, contro cui mantello e cappuccio non possono nulla.

Cammina, forza, un passo alla volta.

La casa non è poi così lontana, cerca di arrivarci viva e poi potrai tirare il fiato, forse l'ultimo che ti resta.

O forse ne avrai ancora abbastanza per dire qualcosa a Elvezio, per impartire una tardiva lezione a Teresa, il tuo ultimo lascito da sarachìa.

Oppure al diavolo le sarachìe, al diavolo il Brivido e la Bestia e l'Albero, in fondo è colpa loro se adesso sei ridotta così. Forse è meglio usare le tue ultime forze per mettere in guardia Teresa, per dirle – per *ordinarle* – di andarsene da qui e lasciarsi alle spalle questa vallata, che è capace solo di rovinare la vita di chi ci abita.

O, ancora, forse non avrai fiato per niente, non con questo reflusso di sangue che ti sta occludendo la gola.

Sputalo, allora, e vai avanti, un passo dopo l'altro, la casa è vicina adesso, le luci al pianterreno sono ancora accese, mollare adesso non ti farebbe onore, saranno cinquanta passi, trenta, dieci, bussi, e solo quando Elvezio apre finalmente ti puoi abbandonare, ci pensa lui a evitarti la caduta, a portarti dentro.

È passata solo una settimana dalla morte di Nives, ed è bastata perché le donne di Roccasa iniziassero a preoccuparsi del *dopo*.

L'insicurezza ha preso possesso dei discorsi lungo il

fiume durante il lavaggio dei panni, di quelli in fila per attingere al pozzo, ed è stata intercettata da Dora, che ne ha approfittato per convocare una specie di assemblea notturna in cui discutere il da farsi.

E quindi eccole qui, una quindicina di donne di Roccasa, quelle che ancora non hanno rinunciato a sperare che le cose possano cambiare, asserragliate nella locanda aperta da Sofia in gran segreto dopo l'orario di chiusura.

Ognuna per uscire ha sfruttato il bagaglio di sotterfugi che da queste parti sono un accessorio indispensabile alla sopravvivenza.

Eccole dunque qui, sedute ai tavoli di legno segnati dal fondo bagnato di innumerevoli bicchieri, rischiarate da un'unica candela.

Per certi versi sono la realizzazione di quell'utopica comunanza che Ada vagheggiava, almeno stando a quanto Nives ha detto prima di venire accoltellata.

Dora se ne sta seduta su una sedia in disparte, al di fuori del semicerchio che le altre hanno formato entrando e accomodandosi una alla volta.

Ascolta, osserva tutto con il suo occhio buono, maschera la soddisfazione per questa assemblea che considera il primo passo verso la liberazione di Roccasa dalle sarachìe. E soprattutto aspetta il momento giusto per intervenire.

Spaesate, le donne non si limitano a immaginare un futuro, ma forse per la prima volta cercano di ricostruire il passato, di capire qualcosa in più di quello di cui si sono sempre accontentate.

Hanno ben chiari quali siano i frutti marci della maledizione di Roccasa, ma stanno scavando alla ricerca delle radici, e non è un mistero che queste siano seppellite in profondità, giù giù fino alla notte del Brivido.

Non tutte però sono d'accordo. Ognuna conosce la parte di storia che le è toccata in sorte e poco altro, ed è quindi inevitabile che contraddizioni e dubbi adesso vengano a galla.

«Non lo sappiamo mica se tutto questo deriva davvero dal Brivido» dice una. «Dopotutto, che prove abbiamo? D'accordo, abbiamo cercato di mettere in fila le cose, ma siamo gente semplice e forse non ci abbiamo capito nulla. Forse tutto questo è proprio una punizione per il fatto che ci siamo tutte illuse di aver capito...»

Per Dora è il segnale che il suo turno di parlare è arrivato.

«*Voi* non sapete, ma io c'ero» dice con voce bassa e stentorea, precipitando la locanda nel silenzio. «Ho visto questa cosa nascere, l'ho vista prendere Sandrone e farlo impazzire nel giro di poche ore. Per fare lo stesso coi vostri padri e poi coi vostri uomini ci ha messo un po' di più, ma prima o poi se li prende tutti. E si prenderà anche i vostri figli se non reagiamo. Lo sta già facendo, mentre voi girate la testa dall'altra parte. Angela, quanti anni hanno i tuoi figli?»

«Marcello dodici, Tobia otto.»

«E non hai notato niente di strano in Marcello, nell'ultimo anno o giù di lì?»

«No, non mi pare.»

«Non mentire, so che te ne sei accorta anche tu. L'ho tenuto d'occhio, ultimamente, e sta iniziando a manifestare i primi segnali. L'influsso della Bestia ci mette alcuni anni a fare presa, circa undici secondo quel che ho potuto osservare, ma alla fine ha la meglio su chiunque. Marcello sta diventando come suo padre, è questo che vuoi? Che sposi una ragazzina di Roccasa e la maltratti ogni notte come Zeno fa con te, come tutti i vostri mariti fanno con voi?»

Angela si prende la testa tra le mani, inizia a singhiozzare.

«E cosa suggerisci di fare? Adesso che Nives non c'è più non avremo neanche i suoi medicamenti, cosa possiamo fare, allora?» dice Sofia.

«Non erano i suoi intrugli a farvi guarire, sciocche! Quelli erano solo una copertura. La sarachìa mentiva, tutte le sarachìe hanno mentito, sempre, approfittando del vostro dolore e sfruttandolo per guadagnare potere. Se solo mi aveste ascoltato prima, se aveste ascoltato chi c'era quando il monte ha tremato e ha liberato la Bestia, non avremmo avuto bisogno di sarachìe. E invece ogni volta che una di voi è andata a colloquio da una di loro, quella è diventata più forte. Vi siete bevute le pozioni di una sarachìa dietro l'altra, convinte che vi guarissero, e tanto vi bastava. Ma oltre alle pozioni vi siete bevute anche le loro bugie, siete state le loro marionette. Solo io ho reagito, solo io ho sacrificato quanto avevo di più caro pur di non vederlo finire nelle grinfie della Bestia. E adesso vi dico che c'è un solo modo per salvarvi, un solo modo perché le vostre carni guariscano una volta per tutte. Guardatemi, guardate la mia faccia, e ricordatevi di quel che ho fatto io. Mi è costato un occhio e un marito, ma mi ha garantito la libertà.»

«Sei fuori di te, e hai l'aspetto di una che non dorme da mesi. Quel che dici è blasfemo, vuoi spingerci forse all'omicidio?» risponde Sofia, guardandosi attorno nella speranza che il suo rifiuto sia condiviso dalle altre donne.

«Non dormo perché passo le notti a cercare il modo di salvarvi, stupide ingrate che non siete altro. Adesso potete anche fare finta di scandalizzarvi, ma tra poco smetterete di guarire, e allora quello che vi sto proponendo vi sembrerà l'unica via verso la liberazione.»

Dora esce sbattendo la porta, e per qualche minuto nessuna ha il coraggio di muoversi, né di parlare.

1921

Il primo sintomo è stato il mal di testa.

Ignazio ha cominciato a lamentarsene al momento di coricarsi, una sera di inizio gennaio, e la mattina non era passato.

«Mai sentito un dolore simile» ha detto vestendosi, «è come avere qualcosa che ti va a passeggio per la testa, avanti e indietro. Dà così fastidio che non si riesce neanche a pensare.»

Così è stato, per un paio di settimane. Poi Ignazio ha iniziato a lamentarsi di un odore che non gli dava pace.

«Com'è possibile che non lo senti? È dappertutto, qui in casa, e nei campi, mi pare di respirarlo anche mentre dormo…»

«Io sento odore di erba tagliata, un po' di letame, nient'altro» ha risposto Ada.

«Non è possibile! Annusa, annusa bene» ha sbottato Ignazio, tradendo un nervosismo che gli faceva tremare la voce.

Ha appoggiato una mano sulla nuca della moglie, l'ha spinta verso la finestra aperta.

«C'è un puzzo che non si resiste, come fai a non sentire niente? Adesso ti voglio vedere che respiri, a fondo, che ti metti nei polmoni tutta l'aria che ci sta e che la butti fuori. E poi mi dici.»

Ada ha obbedito, sbigottita dal tono perentorio del marito. Ha inspirato più a fondo possibile, ha espirato, una, due, tre volte.

«Ancora» le ha ordinato Ignazio.

E lei ha continuato a farlo, finché il troppo ossigeno non ha iniziato a farle ronzare le orecchie.

«Ora che ci faccio caso mi pare di sentire qualcosa» ha mentito, pur di togliersi di dosso quella mano che le comprimeva il cranio come una cuffia troppo stretta.

«Almeno su questo siamo d'accordo, allora» ha detto Ignazio, riferendosi a chissà quali altre divergenze.

«Adesso meglio che vado a letto» ha concluso, per niente soddisfatto, lasciandola a contemplare la notte placida di Roccasa.

Ada lì per lì attribuisce quel comportamento al fatto che il marito ultimamente dorme male, si agita nel sonno, si sveglia di continuo. E ottimista per indole pensa a un malessere di stagione, che sparendo trascinerà via con sé anche le ricadute sull'umore di Ignazio, di solito mite e affettuoso.

Solo che nei mesi seguenti la situazione, invece di migliorare, va peggiorando. Ignazio si fa sempre più cupo, sempre più silenzioso, una trasformazione che nonostante i goffi tentativi di minimizzare di Ada viene notata – e subita – anche da Dolores.

Per Ada arriva il primo schiaffo, poi un pugno dolorosissimo alla base della schiena, e infine, in una serata che per lei sarà uno spartiacque tra il prima e il dopo, durante una discussione senza alcuna importanza Ignazio le mette di nuovo la mano dietro la nuca, come quella sera di fronte alla finestra, ma stavolta le sbatte la testa contro il muro della cucina. Ada dopo l'urto si sgonfia e scivola a terra, non tanto per il dolore, che pure è stato abbagliante, ma soprattutto per la sorpresa. Una reazione che sfiora anche Ignazio, quasi sdoppiato tra la persona che ha appena colpito la moglie e quella che incredula ne osserva le conseguenze.

E quindi esce, diretto chissà dove.

Ada rimane seduta ad accarezzarsi il bernoccolo che le cresce in fronte, con un gran disordine in testa, un groviglio in cui solo un pensiero riesce a emergere dal rumore di fondo di tutti gli altri: e se facesse lo stesso a Dolores?

I giorni successivi si trasformano in una spasmodica ricerca di segnali, di indizi che Ignazio prima o poi se la prenderà anche con la figlia.

Ada non ne scova nessuno, e di questo ringrazia il cielo, ma nota che la mutazione di Ignazio non ha comunque risparmiato il suo ruolo di genitore. Fino a poco tempo prima un padre attento e presente, adesso sembra aver perso ogni interesse per ciò che la figlia dice o fa.

Dolores è diventata per lui una specie di fantasma domestico e innocuo, che talvolta fa sentire la sua presenza ma a cui non vale la pena dare alcuna attenzione.

Questo non basta a rassicurare Ada, non del tutto, almeno.

Quando diventa evidente che Ignazio perde la testa solo dopo il tramonto, Ada inizia a mettere a letto Dolores sempre più presto. A mano a mano che le giornate si allungano le resistenze di Dolores aumentano, e ogni sera porta con sé una discussione.

«Non ho sonno, è ancora presto, perché non posso stare alzata ancora un po'? Ho otto anni, non sono più una bambina!» protesta Dolores.

Ada è inflessibile, ma ogni sera più stremata.

Dopo cena Ignazio a volte va alla locanda, altre resta a casa e passeggia su e giù borbottando tra sé e sé frasi incomprensibili, oppure si butta su una sedia e sta lì per qualche ora, catatonico.

Qualunque cosa faccia, Ada ormai ha capito che a un certo punto in lui scatta qualcosa. Non c'è bisogno di una causa esterna, è come guardare una lampadina che si accende senza bisogno di interruttore.

Prima che Ignazio torni a spegnersi e precipiti nel sonno, Ada deve sopportare allusioni deliranti, minacce, e alla fine le botte.

Abbandona la speranza che si tratti di qualcosa di passeggero: Ignazio sta impazzendo, ecco l'unica spiegazione plausibile, e le toccherà prendere provvedimenti per proteggere se stessa e Dolores. Sarà difficile, certo, ma necessario.

E poi succede una cosa che la preoccupa ulteriormente e allo stesso tempo alleggerisce la sua pena.

Un giorno sta andando all'emporio e incontra una conoscente.

La saluta e si accorge del livido oblungo che da dietro la mascella le sale all'orecchio.

«Che ti è successo?» chiede.

«Il vento» risponde la donna. «Mi ero chinata a raccogliere un cucchiaio quando il vento ha fatto sbattere la finestra, e me la sono presa proprio qua» dice indicando il lato della faccia, facendo attenzione a non toccarlo.

«Mi spiace» replica Ada. «Riguardati» dice, e mentre si allontana si chiede quale scusa avrebbe inventato lei se qualcuno le avesse chiesto spiegazioni sui suoi lividi.

Due volte – odiandosi per questo – usa la seduzione per placare la furia di Ignazio. E funziona. In entrambi i casi il marito stempera la sua aggressività nel sesso, uscendone sfiancato e incapace di nuocere ancora.

Dopo la seconda volta Ada aspetta, con un senso di inquietudine che cresce di ora in ora, l'arrivo delle mestruazioni che facciano svanire il pensiero che la tormenta: essere rimasta incinta e trascinare un secondo figlio in quel gorgo oscuro che è diventata la sua vita.

Invece arrivano le nausee che confermano i suoi timori, Ada ricomincia a mangiarsi le unghie fino alla carne, come faceva da bambina.

Una sera Dolores le prende la testa tra le mani.

«Mamma, sei stanca?» chiede guardandola negli occhi.

«Sì, tesoro, la mamma è un po' stanca. Ma non ti preoccupare, passerà.»

«Mamma, sei stanca di me?»

«No, piccola mia, no, ma che dici?» risponde Ada, ricacciando indietro le lacrime. «Non sarò mai e poi mai stanca di te, mai» dice, e in quel preciso istante decide che non può permettersi di partorire; non ha la forza per sostenere la gravidanza, non avrà il tempo per prendersi cura del neonato e difendere se stessa e Dolores da Ignazio.

Quindi ripesca dalla memoria una ricetta, un patrimonio che le donne della zona hanno tramandato con discrezione.

Vegetali, niente più di questo, in grado però di porre fine anzitempo a una gravidanza.

Il primo tentativo è disastroso.

Ada passa la giornata a vomitare, non riesce a bere un solo sorso d'acqua senza rimetterlo all'istante. Tra un conato e l'altro si maledice, convinta di aver sbagliato qualcosa. Gli ingredienti, le preparazioni, le dosi.

Al tramonto è così prostrata che Ignazio la osserva a lungo, con un'inedita curiosità, poi le si avvicina e sembra annusarla. Fiuta qualcosa che solo lui è in grado di sentire, esce di casa.

Mentre scivola nel sonno Ada teme di essersi avvelenata, immagina di non svegliarsi più, di essere sul punto di abbandonare Dolores da sola con Ignazio.

Trema, suda, alla fine si addormenta.

Quando si sveglia il malessere è quasi del tutto scomparso.

Beve una tazza di tè, riesce a non vomitarla, si rimette all'opera.

Fa un paio di modifiche alla ricetta usata la prima volta – diminuisce la dose di semi di puzzolana, aumenta un po' quella di fungo uncinato – e l'infuso che ne ricava ha un odore meno pungente e un aspetto più torbido.

Quella sera, durante la cena, sfrutta un'altra preparazione di famiglia: mescola al vino di Ignazio alcune gocce di un estratto di bacche che causano una profonda sonnolenza.

In passato ha già accarezzato l'idea di usare quella ricetta per tenere a bada la furia del marito, ma ha sempre evitato di farlo perché la sonnolenza non è che l'aspetto più superficiale dell'acuta tossicità delle bacche e Ada sa che, se iniziasse ad abusarne, entro qualche settimana Ignazio sarebbe morto. Solo che stavolta è necessario, quindi versa qualche goccia nel bicchiere, approfittando del fatto che vino ed estratto hanno la stessa tinta rubina.

Mescola con un cucchiaio che subito si precipita a lavare, e non appena sente Ignazio russare, una mezz'ora dopo, prende l'infuso dalla dispensa dove lo aveva nascosto, si tura il naso e lo beve tutto d'un fiato.

La nuova ricetta funziona, Ada presto inizia a sentire i sintomi che attendeva. Controlla che Dolores stia dormendo, esce di casa. Cerca riparo nel bosco, dove conta di trovare l'intimità e il raccoglimento di cui avrà bisogno.

Per alcuni minuti riesce a camminare, poi è costretta ad accasciarsi. Si trova in una piccola radura ricoperta di muschio, al centro della quale svetta un maestoso albero, senza dubbio il più grosso e nodoso di tutta la valle.

C'è qualcosa di particolare nella disposizione della vegetazione, nello spazio che il bosco ha lasciato libero per quell'albero, interrompendo la fitta compenetrazione di rami e tronchi e radici che trionfa tutto attorno.

E c'è qualcosa di particolare anche nella corteccia dell'albero: due escrescenze grandi come monete, a circa un metro da terra. Ada, nello stato confuso in cui versa, le trova simili a due occhi, che la osservano mentre si accascia, col respiro sempre più corto. Sente i crampi farsi più frequenti e nel giro di venti minuti da quando è arrivata alla radura tutto è compiuto.

Sa di aver fatto la cosa giusta eppure adesso il senso di colpa e la vergogna le calano addosso come un lenzuolo bagnato.

Senza pensare a quel che fa, senza *capirlo*, scava una buca a due passi dall'albero, ci mette dentro il feto, la ricopre. Mentre scava si ritrova in mano qualcosa di rotondo e levigato. All'inizio lo scambia per un sasso, ma ha una superficie troppo liscia e regolare, e pesa troppo poco. Senza neanche farci caso lo infila in tasca, poi cerca di ricomporsi, perde la cognizione del tempo, e solo quando si accorge che il cielo sta cambiando colore si rimette in piedi e fa ritorno a casa.

Nei giorni successivi quello che ha fatto le sembra sbiadire un po' alla volta, immerso in una nebbia che gli conferisce i contorni sfumati e imprecisati del sogno.

Inizia addirittura a chiedersi se sia successo davvero: d'altronde il fungo uncinato provoca allucinazioni, e forse parte dei suoi ricordi non sono che questo, fantasie sbilenche, miraggi, percezioni distorte. Di certo comunque non è più incinta, il resto al momento le sembra trascurabile.

La speranza di poter andare avanti, di dimenticare, si rivela però malriposta. Ada inizia a notare dettagli che rimandano a qualcosa di ulteriore. Cerca di non dare loro troppo peso, eppure sono lì.

Una certa disposizione dell'erba accarezzata dal vento, la forma di un livido sul suo braccio, le venature del grasso in un pezzo di manzo che si appresta a cucinare:

nulla per Ada è ormai solo ciò che è, tutto diventa un indizio, una pista che conduce a qualcos'altro. Non riesce a vedere un disegno di insieme, ma che un disegno ci sia è indubbio.

Ada di nuovo incolpa gli strascichi del fungo uncinato contenuto nell'infuso, ma è passato troppo tempo perché faccia ancora sentire i suoi effetti.

Ci sono momenti in cui si chiede se non stia diventando pazza anche lei, se questa sua nuova sensibilità non sia la versione femminile di quello che ha sconvolto Ignazio.

E dopo i dettagli è la volta del sussurro: dove prima c'era il battito del suo secondogenito ora c'è una flebile voce, che nei giorni successivi si fa sempre più presente, e piano piano inizia a uscire da lei, a manifestarsi ovunque. La tiene sveglia di notte, un bisbiglìo così vicino da solleticarle il lobo dell'orecchio. Ada non riesce a decifrare cosa dica, anche perché la voce non usa parole, non esprime concetti. È piuttosto una lente che aiuta a mettere a fuoco alcune porzioni di realtà e suggerisce associazioni, un proseguimento sonoro dei dettagli che nota in giro.

È novembre.

Ada sta mungendo la capra, nella piccola stalla adiacente a casa. È seduta su uno sgabello e dal latte nel secchio sale un vapore tiepido che le scalda la faccia.

Ha le nocche rotte dal freddo e con le mani intorpidite fatica a stringere le mammelle, quindi si toglie l'anello che ha al dito, unico oggetto prezioso che possiede e unica dote lasciatale da sua madre. Lo appoggia con cura sotto lo sgabello e ricomincia a mungere. Qualcosa di rapido e fulvo si muove ai margini del suo campo visivo.

Un topo, pensa, ma poi si rende conto che la coda era troppo voluminosa. Lascia la presa sulla capra, che non ha notato nulla e continua a masticare fieno con un movimento pigro delle mandibole, e si guarda attorno.

Sente qualcosa muoversi sotto lo sgabello, ed ecco lo scoiattolo che raccoglie l'anello e fila ad arrampicarsi su una cassa di legno. In piedi sulle zampette posteriori, il gioiello stretto tra quelle anteriori come fosse una ghianda o una noce, la guarda dritto negli occhi mentre annusa l'aria.

«Ridammelo, canaglia» dice Ada, divertita.

Si alza con cautela, intenzionata a raggiungere la porta e chiuderla per intrappolare lo scoiattolo, ma quello è troppo rapido, le sfreccia sotto le gambe ed è fuori. Sale su un sasso, si rimette nella posizione di prima e aspetta, come volesse sfidarla.

Senza perderlo di vista Ada rimette a posto lo sgabello, appoggia il secchio fumante su una mensola, lega la capra ed esce.

«Ma tu guarda» dice, le mani sui fianchi, a cinque o sei passi dall'animale.

Raccoglie una ghianda da terra, gliela mostra.

«Facciamo uno scambio» propone, «tanto tu non te ne fai nulla dell'anello, e io di questa. Che ne dici?»

Lo scoiattolo reclina un po' la testa, osserva la ghianda, ma proprio quando Ada si illude di averlo in pugno quello squittisce e inizia a correre.

E Ada, dietro, le scarpe che risuonano con colpi secchi sul terreno indurito dal freddo.

Quanto a velocità non ci sarebbe gara, eppure non appena il vantaggio si fa troppo ampio, quando c'è il rischio che Ada perda di vista la sua piccola sagoma guizzante, lo scoiattolo si ferma, si volta, la aspetta. E poi riparte.

Dopo qualche minuto di inseguimento Ada sta finendo il fiato, suda, ogni respiro è uno sbuffo bianco che le esce dalla bocca e le scivola via sopra le spalle.

Ad affannarla contribuisce il fatto che sta ridendo come non le capitava da mesi, quasi grata per questo diversivo fanciullesco che le ricorda certe corse dietro alle galline di quando era bambina.

Anche lo scoiattolo dopo un po' rallenta, e Ada si chiede se stia sentendo la fatica o se si stia ancora una volta prendendo gioco di lei.

«Vieni qua, borchio che non sei altro!» dice Ada, senza smettere di ridere e con lo sguardo basso per non perderlo di vista, decisa ad accorciare ancora un po' il distacco e poi tentare il tuffo della disperazione, che di certo le sbuccerà le ginocchia ma si spera le restituirà l'anello.

Quando sente che non ce la fa più e visualizza il volo, parallelo al terreno e con le braccia protese, quando sta per darsi la spinta, non c'è più tempo: lo scoiattolo con l'anello tra i denti sale su per un tronco, un'arrampicata a spirale che lo mette al sicuro dalla sua inseguitrice.

Il sorriso di Ada si ghiaccia e va in frantumi, perché adesso riconosce l'Albero e si rende conto che due o tre spanne sotto i suoi piedi c'è quello che ha seppellito cinque mesi fa.

Per la prima volta intuisce che dietro a tutto – alle allucinazioni, alle voci, allo scoiattolo – c'è proprio l'Albero.

Sarebbe un pensiero assurdo se solo non sentisse il suo richiamo anche adesso, se le foglie mosse dal vento non le stessero instillando una specie di torpore, se non suggerissero, come sempre senza dirlo davvero: chiudi gli occhi, qui sei al sicuro, chiudili e lasciati andare.

Non è un consiglio, né una richiesta, piuttosto un dolce ordine che ti blandisce e ti tenta, e allora obbedisci, chiudi gli occhi e il torpore non assomiglia a quello che ti prende quando stai per addormentarti, è più simile alla sensazione di scivolare lungo una superficie dall'inclinazione quasi impercettibile, scivolare altrove, o meglio *altroquando*, indietro di qualche anno, e appena riapri gli occhi sei sempre nello stesso punto ma le piante attorno sono più basse, le cortecce più tenere, la geografia del sottobosco è diversa. Solo l'Albero è identico a com'era prima che chiudessi gli occhi, troppo vecchio perché questa manciata di anni che hai attraversato faccia qualche differenza.

Gli giri attorno – così solido e corporeo lui, così diafana tu che non sei qui *davvero* – e quando torni al punto di partenza noti che qualcosa di diverso c'è.

Mancano le due cicatrici nella corteccia, e mentre accarezzi il punto dove dovrebbero essere, ecco un rumore di rametti spezzati che viene da nord-est, un respiro ansante, una bestia che arriva di corsa, gorgoglia e sbanda e grufola, accecata dal dolore al fianco e stremata dalla perdita di sangue.

Ha un aspetto che non riconosci, è come se una divinità capricciosa avesse smontato animali diversi e ne avesse creato uno nuovo unendo pezzi di ognuno.

Il primo istinto è nascondersi, ma non ce n'è bisogno – non sei qui e ora *davvero*, ricordi?

La sua corsa finisce quando le zanne argentate penetrano la corteccia, scavano la polpa più tenera che ci sta dietro, e insieme alla sofferenza ringhiante della Bestia ora percepisci anche quella cieca e silenziosa dell'Albero.

C'è un pulviscolo sabbioso nell'aria, lo stesso che incanutisce il pelo scuro della Bestia, ma un vento fresco proveniente da sud lo sta spazzando via.

Sotto la volta stellata Bestia e Albero sono ora una cosa sola, una strana creatura ibrida che ti colpisce per la sua inedita, abbacinante bellezza.

Come prima hai sentito la sofferenza, adesso percepisci i pensieri dell'una e dell'altro, molto più sofisticati di quello che ti aspetteresti.

La Bestia è furibonda per un affronto che risale a parecchio tempo prima: maschi umani l'hanno attirata in trappola, femmine umane hanno osato seppellirla sotto una pioggia di pietre, e lì è rimasta imprigionata a leccarsi le ferite, in un limbo durato migliaia di anni, forte della pazienza che solo una creatura immortale può permettersi.

Ma poi la terra ha tremato, creando una breccia nella sua tomba. La Bestia è strisciata fuori, la ferita ancora non cicatrizzata nonostante la lunga sepoltura, e appena fuori si è trovata davanti un maschio umano, a giudicare dall'odore un discendente di quelli che l'avevano cacciata. Inebriata dalla sete di vendetta, ha giocato un po' con i suoi pensieri, e la cosa le ha dato piacere. Così ha deciso che da lì in poi, a lui e a quelli come lui avrebbe confuso le menti, li avrebbe resi violenti e bizzosi ogni volta che il sole fosse calato, in ricordo della notte in cui l'avevano braccata. Non si trattava di una cosa che le sarebbe riuscita subito, ma aveva già dimostrato di saper aspettare. La follia avrebbe conquistato le loro menti come un odore sgradevole satura una stanza un po' alla volta.

Quanto alle femmine umane, le vere responsabili della sua sconfitta e della sua prigionia, avrebbero risarcito la sua sofferenza subendo sofferenza a loro volta.

Ma la Bestia ora è tutt'uno con l'Albero, anch'esso qualcosa di più e di diverso rispetto alla specie a cui in apparenza appartiene.

La sua natura mitiga la furia della Bestia, riesce a strapparle un compromesso che tra una decina d'anni ti riguarderà da vicino.

Gli uomini perderanno il senno ma in cambio di un sacrificio ciclico alle donne sarà concesso di guarire rapidamente.

Quando l'accordo è concluso la Bestia sbuffa, scuote il collo muscoloso, cerca di liberarsi, e così facendo si rende conto che, grazie alla linfa che dal tronco le è finita tra le fauci, il fianco è guarito.

Vorrebbe allontanarsi ma l'Albero ancora la trattiene, e nel frattempo inizia a divaricare le sue radici, il terreno che si fessura in superficie e poi sempre più in profondità, finché dove prima c'era erba compatta ora c'è una voragine, una porta d'ingresso a un mondo nascosto.

Dall'apertura esce un'aria fresca e umida, e il rumore di acqua che scorre – un fiume sotterraneo, o una falda, troppo buio là dentro perché tu possa esserne sicura. La Bestia sente le zanne libere dal tronco, inizia a ringhiare;

poi annusa l'apertura e il ringhio le si spegne in gola. Ci infila il muso, poi le spalle e infine tutto il corpo, sparendo. L'Albero, con uno sforzo che riesci a percepire come prima hai percepito i suoi pensieri, inizia a raccogliere di nuovo a sé le radici. Le vedi scodinzolare un altro po', come per riassestarsi e ritrovare il loro posto nel terreno, poi l'erba ricresce a vista d'occhio attorno a loro e l'apertura è sigillata. La linfa color smeraldo continua a colare dai due fori dove fino a poco fa erano conficcate le zanne, e così facendo li cicatrizza.

Non c'è altro che l'Albero volesse mostrarti del passato, non sai come ma lo sai, quindi ora puoi richiudere gli occhi – o riaprirli? Non è chiaro come funzioni questa prodigiosa capacità di vedere nel tempo – e quando lo fai torni in te boccheggiando come chi riemerge dall'acqua dopo una lunga apnea. Solo che non è ancora il momento di tornare al presente, resta ancora una cosa da fare. Il tempo ora scorre in avanti, sole e luna si rincorrono sopra la tua testa a folle velocità, eppure riesci a contarne senza difficoltà ogni passaggio, sono trenta in tutto, e quando il giro si ferma ti vedi sotto l'Albero, in ginocchio, vedi quello che ti sarà richiesto.

Allora torni in te, torni al tuo oggi, e di nuovo per qualche tempo, come è inevitabile, metti in dubbio la tua sanità mentale; solo che quello che hai visto del passato spiega con tale precisione il presente di Roccasa da garantirti senza ombra di esitazione che no, non sei pazza.

E passati trenta giorni da quella sbornia di rivelazioni, in una notte di fine dicembre, esci di casa, ti dirigi all'Albero, scavi, disseppellisci, inghiotti, e il primo Ciclo, quello su cui si modelleranno tutti i successivi per quasi quarant'anni, è compiuto.

Ada è inginocchiata sulla riva del fiume.

La donna che sta lavando i panni di fianco a lei si solleva la gonna per mantenerla asciutta e Ada nota sulle sue cosce – oltre alla pelle d'oca per il freddo della mattinata invernale – lunghe striature di un rosso rubino. Al termine di ognuna c'è un segno rettangolare, di colore ancor più acceso; una fibbia, si direbbe.

Difficile spacciarle per il risultato di un incidente, e per questo Ada prende coraggio e decide di parlare.

«Deve essere stata una cosa lunga, a giudicare da quanti sono i segni. E dolorosa» dice alla donna, indicandole le gambe.

Quella abbassa subito la gonna, raccoglie i pantaloni che stava lavando, guarda Ada senza riuscire a trovare una risposta convincente.

«Non occorre che ti copri» dice Ada senza smettere di strofinare il colletto della camicia di Ignazio, «non c'è nulla di cui vergognarsi. Siamo tutte nella stessa situazione, ormai. Ognuna di noi va a letto in lacrime, ma nessuna ne parla, nessuna sa cosa stia succedendo, né quando finirà. L'unico nostro conforto è che le nostre ferite guariscono in fretta. Immagino ci abbia fatto caso anche tu...»

La donna raccoglie la sua cesta, fa due passi all'indietro, poi si mette a correre lungo la riva, raggiunge e attraversa il primo ponte.

«Vai pure, sorella» mormora Ada strizzando la camicia, «ma sappi che scappare non porta a nulla, e neanche evitare di parlarne.»

Che la donna stia scappando è evidente, ma che non voglia parlare di quello che le sta accadendo si rivela ben presto una supposizione errata.

La donna nei giorni successivi si confida con altre donne, altre ridotte come lei, e non ci vuole molto tempo perché tutte si convincano che Ada sappia qualcosa in più di loro. E allora la avvicinano, prima con timidezza, poi con sempre maggior convinzione. Nel giro di qualche giorno non c'è donna di Roccasa che non le abbia fatto visita almeno una volta, per raccontarle qualcosa di sé e di quello che deve sopportare, per chiedere consigli che Ada non è però ancora in grado di dare.

«Che succede a mio marito?» chiede una.

«Non lo so» risponde Ada.

«Quando finirà tutto questo?» «È colpa nostra?» «Sta succedendo anche da qualche altra parte?»

«Non lo so.» «Non lo so.» «Non lo so.»

Non importa che Ada non dia risposte, che non faccia nulla per rafforzare l'idea di sapere qualcosa, la sua fama aumenta, come una slavina che una volta messa in moto è impossibile da fermare.

Ada nel frattempo ha iniziato a miscelare erbe, a bollirle e sminuzzarle ed estrarne i succhi, e infine a offrirle a chi le fa visita come un accompagnamento alla Consolazione.

Sono palliativi, per nulla paragonabili alla brutale efficacia dell'infuso che ha usato su di sé per abortire, ma in poco tempo per le donne di Roccasa diventano responsabili della loro rapidità di guarigione. E Ada non fa nulla per smentire questa credenza, utile per tenere segreto quello che ha fatto sotto l'Albero. Proteggere la vera natura del Ciclo è necessario per farlo sopravvivere.

Pochi giorni dopo il disseppellimento, immersa nei suoi pensieri, Ada si schiaccia l'indice della mano destra nello stipite di una porta. Non è rotto, a quanto pare, ma nel giro di pochi minuti è violaceo e gonfio, impossibile da muovere. Le rende difficoltoso occuparsi della casa, preparare da mangiare, perfino portarsi il cucchiaio alla bocca.

«Che hai?» chiede Ignazio durante la cena.

«Male a un dito» risponde lei. «Un piccolo infortunio, nulla di grave.»

«Fa' vedere.»

«Non è nulla davvero, non occorre...»

Ignazio si alza, la tempesta sta arrivando.

«Vai a letto» dice rivolto a Dolores, «io e tua madre dobbiamo parlare.»

«Ma papà, sono...»

«Niente ma» urla Ignazio. Prende una sedia dallo schienale, la sbatte sul pavimento, sembra una fucilata. «A letto. Adesso.»

Dolores si alza da tavola e poco prima di uscire si volta, guarda sua madre. Nei suoi occhi ci sono pena, impotenza e un'inedita risolutezza.

Coraggio, dice il suo sguardo.

Resisti, dice, prometto che questo strazio non durerà a lungo, prometto che ti vendicherò.

Appena la porta si richiude alle sue spalle, Ignazio prende Ada per il polso destro, osserva il dito tumefatto come fosse un animale immondo.

«Una cosa dovresti fare, una sola: occuparti della casa. E invece sei così disattenta che non riesci neppure a prenderti cura di te stessa. Devi smetterla di vivere con la testa tra le nuvole. Ora vediamo se c'è modo di riportarti coi piedi per terra una volta per tutte, per farti concentrare meglio su quel che fai, in futuro.»

Ignazio le lascia il polso destro, agguanta quello sinistro.

«Sei tu che mi costringi a farlo, capisci?» dice.

Apre la porta d'ingresso, blocca la mano sinistra di Ada sullo stipite, la obbliga a distendere l'indice, poi con un calcio chiude la porta.

Ada passa tutta la notte seduta in cucina, da sola, con le lacrime agli occhi ed entrambi gli indici che urlano.

Ignazio ha fatto un ottimo lavoro, dal suo punto di vista: il sinistro ora è ridotto proprio come il destro.

Solo che mentre il destro guarisce lentamente e non smette di tormentarla per settimane, il sinistro dopo un giorno è già molto meno dolorante, dopo due si è quasi sgonfiato del tutto, e la mattina del quarto giorno si piega senza darle dolore, è praticamente guarito.

Quando Dora bussa alla porta ha il sole a picco sulla testa, e un'ombra corta attaccata alla gonna.

«Avanti» dice Ada, e Dora entra, si siede, sbatte la palpebra per abituarsi alla penombra, non dice nulla.

Ada aspetta, le mani appoggiate sul tavolo coi palmi verso il basso, l'indice destro ancora un po' gonfio e fasciato.

«Non mi spiace il silenzio» dice dopo un po', «ma non vedo come possa esserci d'aiuto in questo caso. A cosa devo la tua visita?»

Dora si sfila lo scialle, lo appoggia sullo schienale della sedia, con una lieve rotazione del busto che non le impedisce di tenere Ada sotto controllo con l'occhio buono.

Poi solleva una manica del maglione e denuda un lungo taglio che le attraversa tutto l'avambraccio, dall'incavo del gomito al polso.

«Possiamo parlare di questo, per esempio» dice.

«D'accordo» risponde Ada. «Cosa è successo?»

«Mi era giunta voce che accogliessi tutte, senza fare troppe domande. Tutte parlano della tua, come la chiamano? Ah, già, della tua Consolazione.»

«Ricevo chiunque bussi alla mia porta, e infatti eccoti qua. Il fatto è...» Ada si fissa l'indice destro appoggiato sul tavolo «che non sono un medico. Posso fare qualcosa solo per le ferite che hanno un legame con quello che il Brivido ha fatto ai nostri uomini, e non credo sia il tuo caso.»

Dora tira giù la manica, incrocia le braccia sul petto.

«Insomma le mie ferite non sono degne della tua attenzione...»

«Non è questo, te l'ho detto. Non dipende da te né da me, ma dalle ferite stesse e da come te le sei procurate. Non faccio miracoli, non saprei spiegare neanche io cosa faccio di preciso. Però mi piacerebbe parlare con te, parlare del Brivido, di quello che hai visto allora, di quello che hai provato, di quello che hai fatto. Ci sono molte, molte cose che tu sai e io no.»

«Sei furba, sarachìa» dice Dora, e per la prima volta Ada sente una venatura di dileggio in quella definizione che negli ultimi tempi le sta diventando familiare. «Solo che non ho nulla da dire oltre a quello che immagino già saprai: undici anni fa mio marito è impazzito all'improvviso e ha tentato di ammazzarmi. E io ho fatto quello che andava fatto per sopravvivere, tutto qui. Adesso che quella storia sembra ripetersi su tutti gli uomini del paese sono qui per chiederti una spiegazione, visto che molte dicono che tu ne sappia qualcosa.»

«Te l'ho detto, non capisco quasi nulla di quel che sta succedendo, cerco solo di fare del mio meglio per alleviare un po' la nostra sofferenza.»

Dora si guarda attorno, si succhia la lingua, valuta quello che ha appena sentito. L'insoddisfazione le fa tremare l'occhio sano.

«Bugiarda» dice. «L'unica cosa che ti interessa davvero è sentirti venerata, e per ottenerla saresti disposta a tutto. Dire meno di quel che sai, fingere di sapere più di quel che sai, tutto pur di poter continuare a farti chiamare "sarachìa" dalle disperate che ti fanno visita.»

Ada sorride, si passa una mano sulla fronte.

«Non so da dove ti sia venuta questa idea, ma è del tutto sbagliata, credimi.»

Dora prende lo scialle, se lo mette sulle spalle, si alza in piedi.

Poi appoggia entrambe le mani sul tavolo, gira la testa di qualche grado per tenere l'occhio fisso su Ada.

«Visto che sei così restia a raccontarmi quel che sai, lascia che sia io a dirti quello che so per certo: in posti come questo non ci vuole molto a guadagnare popolarità, ma anche a perderla ci si mette poco, quindi non ti illudere che possa durare.»

11

A Marcello non è mai andato giù del tutto che Tobia abbia scoperto e messo le mani sulla targhetta della Vespa.

Gli ha chiesto più volte di vederla, l'ha ammirata e poi ogni volta, mentendo, ne ha sminuito il valore, senza mai smettere di desiderarla.

E se sotto quella crosta di fango ce ne fossero altre?, si è chiesto a un certo punto. E se ci fosse altro, magari qualcosa di ancor più prezioso?

E così si è deciso a fare un altro sopralluogo, da solo e qualche mese dopo il primo. Ha raggiunto la Vespa con la neve che scrocchiava sotto le suole, l'ha rimessa in piedi e ripulita con le unghie, non ha trovato nulla di quello che sperava.

Ha notato però che a differenza della volta precedente i fiori alla base del cippo erano freschi, come se fossero stati appena posati. Si è guardato attorno, con le mani sui fianchi. Neve a perdita d'occhio, in lontananza l'Anguilla, violacea nella luce del pomeriggio invernale, che perdeva vigore in prossimità della pancia poco più a valle, e verso nord il mulino con l'ipnotico movimento della sua ruota.

Chi può essere così testardo da continuare a venire fin

qui a portare i fiori, dopo tutti questi mesi? Una madre, un padre, un fratello? O una fidanzata col cuore a pezzi?

Quelle domande gli sono andate dietro, quando è tornato a Roccasa, e qualche giorno dopo hanno dato origine a un'intuizione: La prima volta che siamo andati al cippo era venerdì, e i fiori si stavano seccando. Quando ci sono andato da solo era domenica pomeriggio, ed erano freschi. E anche l'incidente è successo nella notte tra sabato e domenica. Quindi forse, come fosse un anniversario, ogni domenica mattina c'è qualcuno che ne porta di nuovi, magari all'alba per evitare incontri spiacevoli.

Ha condiviso la teoria con Evelina e Tobia – Teresa ormai è *altrove* – e ha visto che incuriosiva anche loro.

«Dici che sono fantasmi?» ha chiesto Tobia.

«Ma che c'entrano i fantasmi, sarà un parente o al massimo un amico.»

«Be', allora domenica prossima abbiamo qualcosa di nuovo da fare» ha concluso Evelina.

Si sono dati appuntamento al secondo ponte, prima dell'alba.

Quando i due fratelli arrivano, Evelina è già lì, seduta sul bordo del ponte, con le gambe penzoloni sopra il corpo dell'Anguilla.

«Non arrivavate più, ancora un po' e me ne tornavo a casa» dice.

«Colpa di Marcello» risponde Tobia. «Continuava a dire che si sarebbe svegliato in tempo, che lui aveva una sveglia in testa, invece se non era per me saremmo ancora a letto. Tu come hai fatto a svegliarti in tempo?»

«Lo sai come si dice, no? "Le donne di Roccasa dormono sempre con un occhio aperto."»

«Sì, le donne, appunto» la schernisce Marcello. «Che c'entri tu?»

Evelina non sa come difendersi, rintuzzare era la specialità di Teresa e da quando l'amica è altrove le sembra di aver perso l'equilibrio, come se loro quattro fossero sempre vissuti su una zattera e adesso, senza un elemento a bordo, quella avesse iniziato a beccheggiare, col rischio di ribaltarsi da un momento all'altro.

«Andiamo a nasconderci lì» dice quando il cippo è vicino, indicando l'albero sotto cui lei e Teresa erano andate a sedersi l'ultima volta. «È ancora abbastanza buio, e visto che arrivano da nord non ci dovrebbero vedere.»

Il sole ha iniziato a tingere le pareti del mulino e scalda timidamente l'aria. Tobia ha la testa che ciondola sul petto, Evelina e Marcello tengono invece gli occhi fissi sulla strada, in silenzio.

Nell'ultimo periodo hanno scoperto che pur essendo cresciuti insieme non hanno poi molto da dirsi. Pur non essendoselo confidati, condividono la sensazione che senza Teresa il loro rapporto si sia tramutato in una landa deserta, incapace di far germogliare anche solo qualche chiacchiera di circostanza.

Marcello sta cercando qualcosa da dire quando Evelina tende il collo, ed «Eccoli» dice.

«Chi c'è, chi c'è?» chiede Tobia spalancando gli occhi, con un filo di bava che gli cola sul mento.

«Tra poco lo scopriamo» dice Marcello, osservando

qualcosa che si avvicina a velocità sostenuta, ma è ancora troppo lontano per capire cosa sia di preciso.

Poi ci sono i primi riflessi del sole che rimbalza sulla carrozzeria, e il rumore del motore. L'automobile ha una linea elegante, sinuosa, e una carrozzeria scura – nera, blu? Ancora un po' di pazienza – e lucida come se fosse appena uscita dalla fabbrica.

I ragazzi restano acquattati nella neve, aspettano che l'auto freni in corrispondenza del cippo, osservano l'uomo scendere dal lato del guidatore, girare attorno al cofano e aprire la portiera del passeggero.

Se Tobia non riesce a distogliere gli occhi dall'auto, l'attenzione di Evelina è tutta assorbita dalla donna che ne sta scendendo, dal portamento austero con cui si avvicina al cippo, dall'abbigliamento così diverso da quello a cui è abituata: un abito nero fino alle caviglie, stivaletti dal tacco basso, e un cappello con la tesa più larga delle spalle, asimmetrico e anch'esso nero.

«Oh, sveglia!» li richiama Marcello. «Andiamo.»

Si alza, punta verso la coppia, Evelina e Tobia gli vanno dietro.

Il primo ad accorgersi dei ragazzi è l'uomo. Appoggia la mano destra sull'avambraccio della donna, che si libera dal contatto con un gesto di stizza e solo a quel punto nota il terzetto a una decina di passi di distanza.

Si volta allora, dando loro le spalle come se volesse sfidarli, il mazzo di fiori freschi stretto nel pugno.

È più alta del marito, lo sarebbe anche senza l'aiuto di stivaletti e cappello. Se la figlia del mugnaio è per Evelina un modello di ciò che vorrebbe essere adesso, questa donna rappresenta quello che le piacerebbe diventare in futuro.

«Lo conoscevate?» chiede Marcello, un cenno della testa verso il rottame della Vespa.

«Chi lo vuole sapere, di grazia?» risponde l'uomo, e Marcello nota con soddisfazione il tremito che gli agita i baffi.

«Che domanda è? Sono diventato invisibile, forse? Lo voglio sapere io.»

«Quello che intendeva mio marito» interviene la donna «è che non è educato rivolgersi a qualcuno che non si conosce, soprattutto a un adulto, senza prima essersi presentati.»

Sotto le falde del cappello ha una carnagione chiara, in tinta con la voce e disturbata dall'isola delle labbra, che risalta pur senza nessuna traccia di rossetto.

«Se è per questo non è molto educato neanche entrare in casa di qualcuno come fate voi da mesi, di soppiatto. Dalle nostre parti chi si comporta così ha qualcosa da nascondere.»

«Non vedo case qua attorno, ragazzino» risponde l'uomo.

«Ma da questa pietra inizia il paese, e il paese è casa nostra, quindi...»

La donna poggia il mazzo di fiori freschi alla base del cippo, sparpaglia quelli secchi nella neve.

«Taci, lasciali perdere» dice rivolta al marito. «Non ho nessuna intenzione di restare un minuto di più a discutere con dei ragazzini maleducati. Soprattutto non qui, non dove...» Non finisce la frase, prende un fazzoletto da una tasca e si tampona gli occhi.

«Insomma ci ho visto giusto, lo conoscevate bene» dice Marcello. «E com'era? Mica troppo sveglio, credo, se è riuscito a finire fuori strada da solo su un rettilineo come questo.»

«Bada bene, ancora una parola e te ne farò pentire amaramente. Mi basta una telefonata per farti passare guai che neppure immagini» dice l'uomo.

«Non so come funziona dalle vostre parti in città, ma qui da noi uno che si fa zittire dalla sua donna poi ha poco da minacciare gli altri, perché tanto nessuno gli crede.»

«Ora basta, esigo di sapere i vostri nomi!» urla l'uomo, gli occhi sgranati dalla rabbia, che almeno ha il pregio di avergli calmato il tremito alle labbra.

«Smettila» dice la donna, senza alzare la voce, senza scomporsi. «Portami a casa, ne ho abbastanza di questi straccioni e della loro mancanza di rispetto» dice, e risale in macchina.

«Hai sentito la padrona, cagnolino?» provoca Marcello.

Tobia, che fino a quel momento è stato zitto e quasi nascosto dietro il fratello, si avvicina e gli sussurra qualcosa all'orecchio.

«Buono tu, non ti impicciare» dice Marcello rimettendolo al suo posto con un braccio. E poi, di nuovo rivolto all'uomo: «Obbedisci alla padrona, cagnolino, levati dai piedi e forse eviterò di dare da bere ai vostri fiori. E non parlo dell'acqua dell'Anguilla». Si artiglia il cavallo dei pantaloni con una mano per sottolineare il concetto.

L'uomo carica uno schiaffo, ma l'urlo della moglie da dentro l'abitacolo lo disinnesca appena in tempo: «Sali in macchina!».

E allora l'uomo senza perdere di vista Marcello sale, mette in moto, fa inversione.

Sul fondo chiaro della strada l'ombra lunga di Marcello esulta, con le braccia protese verso l'alto e i pugni chiusi.

12

Anche quando ha deciso di venir meno al suo voto di riservatezza e immergersi nella lettura del diario del suo predecessore, don Ettore si è ripromesso di non andare subito alle ultime pagine, e di seguire l'ordine cronologico, con pazienza e rispetto.

Gli sembra che questo lo metta al riparo da ciò che più sarebbe esecrabile, ovvero leggere perché sedotto dalla curiosità e non per una legittima volontà di capire, di gettare uno sguardo nell'anima di don Antonio – e magari di Roccasa tutta.

Non cerca dettagli morbosi, vuole solo rendersi conto del percorso che lo ha portato alla perdita di senno, e di come questa lo abbia preso per mano e accompagnato, un gradino dopo l'altro, fin sulla cima del campanile.

Sono passati alcuni mesi da quando lo ha letto per la prima volta, e gli capita di continuo di rileggerlo, convinto che ci possa essere qualcosa che gli è sfuggito, una risposta nascosta tra le pieghe della storia di don Antonio.

Le pagine del diario che corrispondono ai suoi primi mesi in paese, alla luce della fine che farà, si rivelano a posteriori diabolicamente beffarde.

Per don Antonio, cresciuto in una grande città, l'arrivo

a Roccasa ha sfumature paradisiache. Don Ettore legge questa parte del resoconto come rapito, e con malcelata invidia per la capacità di scrittura del suo predecessore. Le sue poetiche descrizioni della cima del monte Severo e di come la pietra chiara reagisce alla luce nei diversi momenti della giornata, il suo stupore nell'ammirare le fioriture stagionali delle distese d'erba che circondano il paese, l'affetto sincero per i paesani che traspare dalle sue prime annotazioni, tutto questo desta in don Ettore un'ammirazione mista al senso di colpa per non aver sperimentato la stessa bucolica fascinazione nei mesi iniziali della sua permanenza.

A colpirlo è anche un'altra differenza tra la sua esperienza e quella di don Antonio, uno scarto che riguarda Marisa.

Delle risposte laconiche della perpetua, così come della sua impenetrabile timidezza, nel diario non c'è alcuna traccia.

Marisa viene descritta come una donna energica, allegra, a volte fin troppo ciarliera, quasi un'incarnazione della vitalità che don Antonio intravede in Roccasa. Nel diario sono riportati interi dialoghi tra parroco e perpetua, con la seconda che racconta, spiega, fa di tutto perché don Antonio si integri il prima possibile.

Don Ettore si scopre allora preda di un'obliqua forma di gelosia, incapace com'è di spiegarsi perché Marisa non abbia instaurato lo stesso rapporto anche con lui.

Procede con la lettura, sempre più spedito, sempre più famelico, e arriva al momento in cui l'idillio tra don Antonio e Roccasa inizia a mostrare le prime crepe.

Don Antonio è arrivato da circa sei mesi, durante i quali non sembra essersi accorto di tutto ciò che lo circonda, come se il suo iniziale entusiasmo avesse rallentato un'obiettiva comprensione del paese, ed è allora che il suo percorso e quello di don Ettore, in partenza così distanti, iniziano a convergere.

Una sera don Antonio si imbatte in Zeno, da poco diventato padre di Marcello, e nel diario riporta il dialogo e la profonda inquietudine che gliene deriva:

«Come stanno Angela e il bambino?» ho chiesto.

«Perché?»

Mi era parsa una domanda innocua, ma la risposta mi ha spiazzato.

«Così, per sapere» ho detto dopo un po'. «Mi chiedevo se avete già deciso una data per il battesimo. Non che ci sia fretta, ovviamente...»

Zeno ha scosso la testa.

«Lei è arrivato da poco» ha risposto, «e forse non si è ancora reso conto che da queste parti non abbiamo bisogno di sacramenti e di preghiere.»

Era stata Angela a parlarmi del battesimo, un mese prima del parto, e glielo ho fatto presente.

«Il punto è proprio questo» ha detto Zeno, facendo un passo avanti e piantandomi addosso due occhi così scuri che la pupilla si distingueva a malapena. «Il suo Dio e tutte le altre superstizioni qui fanno presa solo sulle donne» ha detto. «Se vuole un consiglio, non perda tempo a parlarne con gli uomini, perché qualcuno potrebbe reagire molto peggio di me. Ci lasci stare, lo dico per lei. Non c'è

nulla da fare per noi, quindi non sprechi fiato per provare a salvare le nostre anime, o qualche altro scoperchio del genere.»

Non conoscevo il significato di "scoperchio", ma il tono e il contesto hanno reso inutile una domanda al riguardo. Zeno però deve aver colto qualcosa, perché ha detto una frase che per la prima volta mi ha fatto sentire del tutto fuori posto a Roccasa.

«Lo vede? Lei non parla come noi, lei non pensa come noi, non capisco proprio cosa ci fa qui. Forse farebbe meglio ad andarsene, meglio per noi e anche per lei.»

Non era una vera e propria minaccia, e nei suoi occhi a quel punto c'era una tale malinconia che le sue parole hanno avuto l'effetto opposto di quello voluto. I suoi riferimenti alla mia estraneità, quelli riguardo all'impossibilità di migliorare la condizione degli abitanti di Roccasa, tutto ciò invece di scoraggiarmi in qualche modo mi ha motivato. Forse questo posto non è innocente come mi era sembrato all'inizio, forse il Signore, quando mi ha mandato qui, aveva in serbo per me una sfida molto più complicata di quel che immaginavo. Prego solo che mi dia la forza necessaria per vincerla.

Dopo questa presa di coscienza le notazioni quotidiane di don Antonio iniziano a diradarsi, al punto che se i suoi primi sei mesi a Roccasa riempiono un centinaio di pagine, i dieci anni e mezzo seguenti ne occupano meno di un terzo. Quasi non si fa più menzione degli abitanti di Roccasa, e sempre più spazio è dedicato a citazioni dalle Scritture. Una in particolare, tratta dalla Lettera ai Tessalonicesi, colpisce don Ettore perché sembra adattarsi anche alla sua storia, passata e presente:

Voi stessi infatti, fratelli, sapete bene che la nostra venuta in mezzo a voi non è stata inutile. Ma, dopo aver sofferto e subito oltraggi a Filippi, come sapete, abbiamo trovato nel nostro Dio il coraggio di annunciarvi il vangelo di Dio in mezzo a molte lotte. E il nostro invito alla fede non nasce da menzogna, né da disoneste intenzioni e neppure da inganno; ma, come Dio ci ha trovato degni di affidarci il Vangelo così noi lo annunciamo, non cercando di piacere agli uomini, ma a Dio, che prova i nostri cuori.

Tra tutti gli abitanti di Roccasa solo Marisa, Dolores e Nives continuano ad affacciarsi tra una citazione e l'altra. Alla prima è dedicata una breve nota verso la fine del diario, meno di dieci righe che trasudano isolamento e disillusione:

Oggi Marisa mi ha ricordato che sono passati undici anni esatti dal mio arrivo qui. Ho visto nascere bambini, ho visto il cielo assumere tutte le tonalità possibili, e gli alberi spogliarsi e tornare a coprirsi di foglie. Ma se mi guardo indietro, se mi guardo attorno, mi rendo conto di non essere riuscito a fare nulla di buono per questo paese. Ho predicato la Tua parola, Signore, l'ho fatto con tutta la fede e l'amore di cui ero capace, ma a quanto pare nessuno mi stava ascoltando. Che Tu possa perdonare il mio fallimento, e avere pietà della mia anima.

Righe che suonano come un biglietto di addio, un annuncio dei propositi suicidi di don Antonio.

Eppure ci sono ancora alcune pagine dopo questa, scritte con una grafia addirittura più incerta delle precedenti, e leggerle è come osservare la mente già provata di don Antonio mentre precipita, poco prima che il suo corpo faccia lo stesso:

Fin da quando ho ricevuto l'investitura, Dio mi è testimone, mai una volta il mio voto di castità è stato in pericolo. Ho sempre scacciato i pensieri impuri come si fa con un insetto che ti importuna, talmente saldo nella mia fede da guardarli con bonomia, come un tributo da pagare a causa della mia natura imperfetta e terrena. Ma quello che mi sta accadendo adesso ha rimesso in discussione le mie convinzioni, mi sta insegnando quanta supponenza ci fosse nel mio atteggiamento, e mi atterrisce per infinite ragioni, non ultima l'oggetto verso cui è rivolto questo feroce desiderio che provo, così simile a una possessione.

Qualche giorno fa mi sono ritrovato in sagrestia, senza alcun ricordo di come ci fossi arrivato, un brusco risveglio da un sogno che non ricordavo neppure di aver fatto.

Avevo in una mano il coprispalle di Marisa, ci affondavo la faccia, mentre l'altra mano faceva quello che non mi era più capitato di fare dai tempi dell'adolescenza, da prima della vocazione e del seminario.

Tornato in me sono corso fuori, affamato d'aria, nello spiazzo davanti alla chiesa che in quel momento era spazzato da un vento freddo che trascinava giù dal monte Severo una coperta di nubi gonfie. Ha cominciato a piovere e io sono rimasto lì, come se l'acqua che veniva giù in diagonale fosse stata mandata da Dio per ripulirmi di quel che avevo appena fatto.

Marisa mi ha trovato lì, fradicio e ancora colpevole.

«Che ci fa qua fuori, le verrà un accidente» ha detto. Mi ha preso per le spalle e mi ha accompagnato dentro, approfittando della mia inebetita mancanza di resistenza. Al caldo della sagrestia le dita hanno iniziato a riprendere sensibilità. Quando mi sono reso conto che non erano l'unica parte del corpo che iniziava a formicolare mi sono liberato dalla sua presa.

«Mi lasci» ho detto.

Mi ha guardato come se l'avessi colpita con un manrovescio, poi mi ha ascoltato sibilare parole che l'hanno visibilmente ferita.

«Ho bisogno di qualche giorno di digiuno, raccoglimento e preghiera, quindi non si disturbi a venire fin qui. Le farò sapere quando ci sarà di nuovo bisogno di lei» ho detto, e la sua arrendevolezza me l'ha resa ancor più desiderabile. «Vada, vada adesso!» ho urlato.

Nei giorni successivi ho fatto quel che avevo annunciato, ho digiunato e pregato, ma le cose non sono affatto migliorate. La denutrizione ha anzi portato con sé una specie di perenne letargia, e questa a sua volta mi ha reso facile preda di sogni peccaminosi su cui non avevo alcun controllo. In alcuni Marisa mi istigava al peccato, in altri era al contrario vittima delle mie oscene lusinghe. Mi rigiravo nel letto, madido di sudore, più eccitato di quanto fossi mai stato. E ancora la mia pena non era finita, perché i sogni di fornicazione si sono un po' alla volta trasformati in sogni di violen-

za. In uno l'ho posseduta sul freddo pavimento della nostra chiesa, e poi, Dio mi perdoni, nel pieno dell'amplesso l'ho strangolata, incapace di distogliere lo sguardo dal crocifisso che aveva visto tutto ma non mi condannava, anzi, a quel punto mi suggeriva cosa fare, mi guidava dall'altare fino al pozzo nel centro del paese, col cadavere in spalla. Era tutto così assurdo, anche nel sogno me ne rendevo conto: per liberarsi di un corpo avrebbe avuto più senso seppellirlo da qualche parte nel bosco, anziché gettarlo dove tutti la mattina dopo si sarebbero recati ad attingere l'acqua. Eppure non ero in grado di oppormi, e solo quando Marisa era precipitata nella bocca nera del pozzo la voce del crocifisso – o la voce del pozzo, non le distinguevo più –, solo allora quella voce si era placata, solo allora mi sono svegliato.

Febbricitante e fuori di me ho preso un foglio di carta dal cassetto della scrivania e ci ho scritto sopra un messaggio che non ero neppure sicuro fosse dettato dalla mia coscienza: «Non è una decisione semplice, ma ci ho pensato a lungo e ho concluso che non ho più bisogno di lei e del suo servizio. Se lo ritiene opportuno comunichi a tutta la comunità che le funzioni e i sacramenti saranno sospesi fino a nuove disposizioni».

Non ho neppure firmato, ho solo piegato il foglio in tre parti, ci ho scarabocchiato sopra PER MARISA *e l'ho appeso sulla porta della chiesa con un chiodo.*

Ho preso una coperta, la mia vecchia Bibbia, un mozzicone di matita e questo diario, e sono salito fino a qui, in cima al campanile, dove sono certo che Marisa non salirà, visto il suo profondo terrore per l'altezza. E qui mi sono interrogato a lungo su cosa fare di queste stesse pagine, in-

deciso se distruggerle o se lasciarle intatte. Ho deciso per la seconda via, e pazienza se verranno lette e divulgate, se a causa loro il ricordo che lascerò di me sarà quello di un uomo la cui fede è stata sopraffatta dalle tentazioni della carne. La mia speranza è che finiscano nelle mani giuste, che servano come monito a chi ne avrà bisogno, che siano una prova inconfutabile che in questo paese c'è qualcosa di maligno, qualcosa a cui nemmeno un uomo di fede, dato un lasso di tempo sufficiente, si deve illudere di poter resistere. E c'è un'impenetrabile cortina di segreti che lo proteggono, un tessuto composto da un numero di strati difficile da quantificare e filati con pazienza anche da coloro che non ne sono coscienti. Ogni volta che si riesce a lacerarne uno, altri telai entrano in azione. Ho tentato, ho fallito, ora non mi resta altro da fare che affidare la mia anima a Dio, mio unico Signore, mio unico giudice.

Quando don Ettore finisce di leggere le sue mani tremano quanto quelle che hanno scritto.

È colpito dalla storia di don Antonio – di cui fino a ora conosceva solo l'epilogo – ma quello che più lo ha sconvolto è stato il riferimento ai segreti di Roccasa.

Don Ettore odia i segreti, perché già una volta hanno rischiato di fargli perdere la fede, o la sanità mentale, o entrambe le cose insieme. E adesso, in un modo che non poteva sospettare quando aveva accettato l'incarico a Roccasa, quella storia sembra ripetersi, con un abito in apparenza diverso eppure confezionato dallo stesso sarto.

Gli ultimi undici mesi sono stati un'immane fatica che non ha portato a nessun risultato. Ha provato a farsi forza, a imitare la perseveranza di Simone, che nel Vangelo di Luca dice: "Maestro, abbiamo faticato tutta la notte e non abbiamo preso nulla; ma sulla tua parola getterò le reti". Solo che le reti hanno continuato a essere vuote, e in compenso ogni mattina ha visto i lividi e gli occhi neri sui volti delle parrocchiane. E poi li ha visti scomparire troppo in fretta, il che lo ha gettato in uno stato di confusione ancor peggiore.

Nelle notti in cui non riesce a prendere sonno, e sono la maggioranza, le domande lo tormentano come mosche attirate da una sostanza zuccherina. E in mancanza di risposte fa l'unica cosa che gli rimane: si rivolge al suo Dio, cerca conforto nella parola che nei momenti di penuria ha sostenuto Simone.

Ripete una preghiera finché le frasi smettono di avere un senso e non sono altro che suoni. Si è chiesto molte volte se questo non sia inutile, se una preghiera che perde significato non perda anche valore. Si è risposto che di fronte all'inspiegabile tutte le armi canoniche, quelle del seminario e dell'esperienza, del senso e dell'intenzione, non sono più sufficienti. E quindi continua a esplorare, a cercare nella litania, nella ripetizione, una via verso la rivelazione.

A volte, mentre ripete le stesse frasi senza sosta, brandelli del suo passato tornano a fargli visita, bagagli invisibili che hanno viaggiato con lui fino a qui.

«Toccarsi è peccato, Padre? Toccarsi *lì*, intendo...»

Una domanda che gli era parsa prematura, per un bambino di nove anni.

Aveva allora soppesato quale riposta dare, e aveva deciso di restare vago: «Più che un vero e proprio peccato è una debolezza, un atto moralmente disordinato, ma ammissibile se commesso in giovane età. Ma ne riparleremo quando sarai un po' più grande, ora mi sembra ancora presto».

«E lasciare che qualcuno che è già grande, qualcuno che è un servo di Dio, ti tocchi lì? Neanche quello è peccato, Padre?»

Era stato il primo anello della catena di eventi che lo aveva portato a Roccasa. Aveva guardato negli occhi il male fatto dagli uomini, uomini di Chiesa. E ne aveva visti altri, appartenenti a quella stessa Chiesa, la sua!, che quando avevano saputo avevano preferito girarsi dall'altra parte, anteponendo la causa comune alla colpa del singolo, alla profanazione della vittima.

Si era rifiutato di fare come loro, aveva osato alzare la mano per prendere la parola, finendo per pagarne le conseguenze.

Calunnie, ostracismo, infine la lettera di trasferimento.

Ma qui a Roccasa il male è di natura diversa. Fatto dagli uomini, certo, ma proveniente da lontano, insufflato nelle loro anime da qualcosa che non ha nome né ruolo nelle Scritture.

Qualcosa di più vecchio delle Scritture stesse, forse.

Non ha celebrato molti funerali da quando ha ricevuto l'investitura, ma comunque abbastanza da poterne ipotizzare una divisione per tipologie.

Ne ha celebrato uno così partecipato da non lasciare

dubbi sull'affetto di cui il defunto si era circondato in vita, e ne ha celebrati almeno un paio in cui i convenuti erano così inquieti e vogliosi di andarsene – scalpitanti dietro i banchi, e grati che le diverse fasi della funzione concedessero loro di cambiare posizione: in piedi, seduti, in ginocchio – da suggerire che la loro presenza fosse motivata da un ipocrita senso del dovere, o da una qualche convenienza.

Però mai gliene era capitato uno così spoglio come quello che celebra oggi, in una rigida mattina di inizio gennaio.

Non è solo il numero dei presenti – due: Teresa ed Elvezio, la figlia e il marito – a dargli questa sensazione di abbandono senza scampo, di solitudine che nessuna fede sarebbe in grado di addolcire.

Prima ancora che le campane suonassero, cercando senza fortuna di risvegliare la partecipazione degli abitanti di Roccasa per la morte di una loro compaesana, per quanto non molto popolare, don Ettore ha avuto modo di respirare l'ambivalenza delle reazioni scatenate dalla morte di Nives.

È evidente, anche senza che nessuno ne faccia parola, che alcuni attribuissero alla sarachìa una grossa responsabilità nei problemi di Roccasa, e che per altri fosse invece parte della soluzione.

Quello che più stupisce don Ettore è la porosità delle due credenze, in apparenza inconciliabili, eppure capaci di convivere.

Nel diario di don Antonio le sarachìe venivano descritte come creature vagamente luciferine, compartecipi di una natura angelica e di una diabolica.

Don Antonio temeva il loro potere, ma non poteva fare a meno di benedirne gli effetti: "Può esistere qualcosa dall'origine diabolica ma dalla missione divina?" si chiedeva circa un anno prima di suicidarsi, probabilmente conscio della sfumatura eretica della domanda.

E ancora:

Per molto tempo mi sono rifiutato di credere che le sarachìe avessero davvero il potere che le donne attribuivano loro. Ma è arrivato il momento in cui non posso più mettere in discussione qualcosa di così evidente, non posso continuare a negarlo.

È una sensazione con cui anche don Ettore ha dovuto fare i conti quando Nives era ancora viva, finendo per ammettere a se stesso che alla prova dei fatti quella donna per il benessere delle sue compaesane faceva più di quanto lui potesse sperare di ottenere con sermoni e sacramenti. Ma neppure questo ha dissipato i suoi dubbi, così simili a quelli di don Antonio: Nives era una creatura che attuava la volontà di Dio, magari seguendone le intenzioni nascoste e i sentieri tortuosi, o un'agente del caos mandato a indebolire la fede dei compaesani tramite credenze pagane e riti misteriosi?

Neanche quello è peccato, Padre?

Domande scivolose, non troppo dissimili da quelle che si pone riguardo al paese nel suo complesso, e per le quali ha trovato una parziale risposta nelle parole di un altro passaggio del diario:

Se questa fosse una città di vittime e peccatori tutto sarebbe più semplice. Ma qui i ruoli si confondono e non è facile stabilire una volta per tutte chi sia il lupo da scacciare e chi l'agnello di cui prendersi cura. Ed è proprio quando ti illudi di aver capito che i ruoli si scambiano.

13

Teresa non riesce più a dormire.

Ogni volta che sta per addormentarsi ha l'impressione che qualcuno entri nella sua stanza, si sveglia di soprassalto, e il sonno la abbandona. Così si trascina fuori dal letto, ascolta i rumori del bosco, immagina animali che si muovono nel buio, insetti che scavano il terreno, funghi che si propagano sui tronchi e nel sottosuolo, foglie su cui si coagula l'umidità. Quando l'alba schiarisce la sua stanza Teresa si veste, libera dalla schiavitù di dover riposare.

In questa stagione lei e la madre solitamente celebravano l'anno appena iniziato. «Un nuovo Ciclo» diceva Nives, «una nuova voluta della spirale.»

Ma adesso che sua madre non c'è più, che non c'è più nulla da origliare nella stanza di sotto, vivere è diventato simile a stare seduti nella nebbia.

Ogni volta che esce di casa Teresa si sente nuda. Le sembra di camminare sulla superficie di un pianeta sconosciuto e inospitale, pieno di caverne e anfratti da cui fuoriescono bisbigli e scongiuri, di non essere più dentro di sé e di vedersi da fuori, brevi parentesi da cui riaffiora come si esce da una galleria, con gli occhi feriti dalla luce improvvisa. E ogni tanto le capita di non sentirsi più dentro di sé ma neppure fuori. Diventa qualcuno (*qualcosa?*) di diverso, che osserva quella ragazza orfana come si osserva una mosca dopo averla intrappolata sotto un bicchiere.

I suoi contatti con gli abitanti di Roccasa erano sporadici e velati di imbarazzo già prima, ma adesso sono cessati del tutto, e perfino Evelina ormai la evita.

Nessuno le rivolge la parola, nessuno sembra accorgersi di lei.

Nessuno tranne una persona.

La prima volta si tratta di un mazzetto di fiori di campo, gialli e bianchi, legati con un filo d'erba e abbandonati davanti alla porta di casa.

La seconda volta è una pietra, liscia come quelle che si trovano sul fondo dell'Anguilla, che per la forma e per la tinta rossa con cui è stata dipinta ricorda un cuore.

Il terzo regalo è una figurina intagliata nel legno, e dalle imprecisioni della fattura è evidente che chi l'ha scolpita non deve avere grande dimestichezza col coltello. Non è neppure chiaro cosa rappresenti, di certo un animale, ma è difficile dire se sia un cane, un lupo, un orso.

Allo stesso modo è misteriosa per Teresa l'identità di chi le stia dimostrando questo affetto, di chi la stia pensando al punto da lasciarsi dietro questa scia di regali che non è nemmeno sicura di meritare.

Ci sono giorni in cui le sembra che l'unica arma per affrontare il lutto – non per vincerlo, quello mai – sia lo sfinimento, portare il corpo a uno stato di fatica tale da fargli zittire la mente. Sono i giorni in cui vaga per il bosco, senza meta, assaporando i morsi del freddo sulle mani, sulle caviglie, sul collo.

Talvolta cerca di riprodurre nella testa il candore della neve su cui cammina, come un telo bianco che nessun pensiero è in grado di sporcare. Altre volte cerca di recuperare i ricordi di tutto quello che avrebbe dovuto memorizzare quando era il momento, e che allora le sembrava così poco importante, frutto delle fissazioni di sua madre, delle sue superstizioni.

E allora ripete, come una preghiera, quello che non ha perso per strada.

Per le abrasioni: infusione, due manciate di rubronella, un cucchiaio di sanfranza.

Per le lussazioni: impacco, tre radici di luviscolo, un estratto di bestizia.

E poi ecchimosi, tagli, fratture.

Fumenti, pomate, tinture.

Solo aggrappandosi alla rassicurante monotonia delle formule riesce a raggiungere l'angusta anticamera che separa lucidità e oblio di sé, ad abitarla abbastanza a lungo per trovarvi una pace momentanea.

Un giorno di fine gennaio va all'albero dentro cui ha nascosto il libro di botanica di don Antonio. Lo porta a casa, entra nella stanza della Consolazione e inala l'odore di chiuso, muffa e piante in decomposizione.

Qui cerca di trasformare le formule ripetute in azioni.

Controlla cosa ci sia di ancora utilizzabile sugli scaffali e nei barattoli, confronta quello che trova con le descrizioni sul libro.

Cancella dai margini tutti i suoi appunti, prima a uno a uno poi con lunghe strisciate della gomma, e in un accesso di esaltazione si convince che, sì, sarà una sarachìa, ma a modo suo. Smetterà di nascondersi, curerà alla luce del sole, insegnerà a tutte le donne del paese le ricette che ha imparato da Nives, finché *tutte* saranno sarachìe e non ci sarà più spazio per segreti e malignità.

Tira fuori il ciondolo da sotto la maglia, lo osserva.

Un globo di resina indurita, grosso come una noce e dal colore del miele, con al centro un'ape, intrappolata in una eterna immobilità. La resina l'ha conservata alla perfezione, le ali leggermente aperte – come se prima di venire travolta stesse per spiccare il volo – e i peletti sul dorso, le antenne, le zampe. Teresa sa che fu Ada a trovarlo, e che da lei passò a Dolores e poi a Nives, ma non sa perché le sarachìe se lo siano tramandato, se abbia una qualche utilità o se sia solo un simbolo di qualcosa. Quello che è certo è che guardarlo manda in frantumi i suoi propositi per il futuro. La verità, adesso così evidente, è che non curerà nessuno e non insegnerà niente, perché anche ammesso che sia in grado di farlo (E non lo sei, perché non sei tua madre e non basta giocare con le piante per diventarlo) non c'è nessuno che le rivolga la parola.

E poi una mattina – Elvezio è uscito all'alba perché un'infezione sta decimando i maiali in una fattoria a mezza giornata di viaggio da Roccasa –, una mattina in cui finalmente il sonno è arrivato e l'ha portata via per un po', viene svegliata da due colpi rapidi alla porta.

Marisa bussa alla stessa porta a cui ha bussato molti anni prima. Allora era venuta per aiutare una futura madre, adesso per sincerarsi delle condizioni di una figlia, episodi lontani nel tempo che però appartengono alla stessa storia.

La sua visita è inaspettata, adesso come allora, e infatti nella voce che risponde e la invita a entrare Marisa percepisce la stessa sorpresa, oltre alla somiglianza di timbro, cadenza, apparente mancanza di difese verso quello che sta fuori.

Quando entra, l'aspetto di Teresa manda subito in frantumi quella sensazione di déjà-vu.

Nives era circonfusa dalla sofferenza del parto, supina e con gli occhi fiammeggianti di chi sta combattendo una battaglia con la convinzione di vincerla.

Teresa invece è uno spettro seduto su una sedia, e sembra aver smarrito da qualche parte tutta la vitalità della fanciullezza.

Gli occhi cerchiati, i capelli sporchi, divisi in ciocche e appiccicati al cranio, le labbra impallidite per via della disidratazione.

Marisa prende una sedia, le si siede di fronte.

Non sa cosa dire, preoccupata che la sua frase d'esordio possa rivelarsi decisiva non solo per il resto della conversazione, ma anche per la vita futura della ragazza.

Quando il silenzio inizia a farsi troppo denso da gestire, incapace di trovare qualcosa di meglio, Marisa si arrende alla banalità e chiede solo: «Come stai?».

Teresa si limita ad alzare la testa, a guardarla negli occhi e rivolgerle un sorriso esangue che le fessura le labbra screpolate.

«Immagino che adesso sia ancora troppo presto» dice Marisa, «ma volevo che sapessi che quando avrai voglia di tornare a scuola sarai la benvenuta. Sono sicura che ti farebbe bene, e anche i tuoi compagni non vedono l'ora di riabbracciarti.»

«Non c'è bisogno di mentire. Nessuno di quelli che credevo fossero amici ha chiesto come sto, nessuno ha fatto qualcosa per me negli ultimi tempi, quindi non penso che a nessuno importi davvero se torno o no. A nessuno tranne...»

«Tranne?»

«Non lo so, c'è qualcuno che lascia piccoli regali fuori dalla porta...»

«Evelina?»

«Fa di tutto per evitarmi, quindi credo proprio di no.»

«Marcello?»

«Faccio fatica a immaginarlo mentre raccoglie fiori, o mentre intaglia qualcosa in un pezzo di legno. Penso che non abbia mai usato un coltello, se non per sgozzare un maiale.»

«Non essere così severa, ti vuole bene, davvero.»

«E lei non sia ingenua. Il ragazzino che mi voleva bene non esiste più da mesi, e non posso credere che lei non se ne sia accorta.»

Marisa si liscia le pieghe della gonna per alcuni secondi.

«Tua madre ti ha mai raccontato di quando sei nata?» chiede infine.

«Mi ha detto che lei era qui. E mi ha ripetuto più volte che si sentiva in debito e che prima o poi le avrebbe reso il favore. Ma credo che a questo punto non sarà possibile» risponde Teresa, e c'è un blando tono ironico nelle sue parole, un umorismo amaro a cui Marisa non era preparata.

«Quando sono venuta qui, quella volta, non avevo certo in mente una qualche ricompensa futura. Mi sembrava solo la cosa giusta da fare.»

«Quello che non capisco è cosa sia venuta a fare oggi.»

Marisa sospira per la frustrazione, non pensava che Teresa avrebbe costruito una corazza così spessa in così poco tempo.

«Solo a vedere come stavi, e se c'era qualcosa che potevo fare per te.»

«Mia madre è morta, la gente si aspetta da me qualcosa che non so nemmeno cosa sia. A meno che non sappia darmi qualche spiegazione su questo, non c'è altro che possa fare per me.»

«Purtroppo no, non ho risposte alle tue domande. L'unica cosa che posso fare, oltre a ripetere che se vorrai tornare a lezione ne sarò felice, è darti un consiglio. Di poco conto, forse, ma è tutto quel che ho da offrire: stai vicina a tuo padre, e a tutti quelli che ti vogliono bene, per quanto pochi ti possano sembrare.»

Marisa si alza, si avvicina a Teresa. Pensava di abbracciarla, poi di farle una carezza, infine quantomeno di stringerle la mano, ma l'immobilità della ragazza ha demolito i suoi progetti, uno alla volta.

«Dio ti benedica» dice, e si avvia verso la porta, con una pena nel cuore che assomiglia a un sasso dai bordi affilati.

14

Marcello ha costruito la canna da pesca con le sue mani: un pezzo di bambù, raccolto sulla sponda del fiume e levigato con la carta vetrata; un filo di nylon preso da un avanzo di spago trovato nei campi; un piccolo chiodo ricurvo come amo; e a fare da esca palline di pane da una pagnotta che ha rubato all'emporio dei suoi genitori.

È con questo equipaggiamento che adesso se ne sta steso in riva all'Anguilla, la canna piantata nel terreno, il sibilante fruscio delle foglie sopra la testa, la mente svuotata da tutto.

Negli ultimi tempi ha scoperto che questi momenti di isolamento sono quelli in cui si sente meglio: nessun obbligo di parlare, solo una pace muta e sonnolenta.

Qualcosa abbocca, facendo oscillare la canna.

Marcello la afferra con entrambe le mani, la muove con lentezza a destra e sinistra, poi con uno strappo la tira a sé.

La pallina di pane è stata sbocconcellata, ma non abbastanza da far conficcare l'amo.

«Trota dello scoperchio» borbotta Marcello mentre raccoglie il pezzo di pane, lo scuote per liberarlo da un paio di formiche che se ne stavano approfittando, lo immerge nel fiume per ammorbidirlo un po'.

Ne stacca un pezzo, lo lavora con pollice e indice per farne una nuova pallina che infila nell'amo, e si prepara a lanciare.

Ha già portato la canna dietro la spalla, quando sente la voce di Dora.

«Posso sedermi qui con te?» chiede la donna, facendosi largo con una mano tra le canne e avvicinandosi.

Marcello fa segno di sì con la testa, nonostante la sorpresa e l'inquietudine.

«Le mie povere ginocchia...» continua Dora. «Alzarsi, dopo, sarà ancora peggio che sedersi. Sai cosa diceva sempre mia madre? "C'è solo una cosa peggio di invecchiare. Non scoprire quanto è brutto invecchiare."»

Dora ridacchia, Marcello le va dietro anche se non è certo di aver capito cosa ci sia di divertente.

«Vieni spesso qui a pescare?»

«Ogni tanto, ma quando fa freddo come oggi non si pesca quasi niente. Non che nella bella stagione sia molto meglio, ma insomma...» risponde Marcello, e nel frattempo lancia l'amo, che tocca la superficie dell'acqua a poca distanza dalla riva.

«Mi ci vorrebbe una lenza più lunga, forse. Così si fa davvero fatica a tirarne su abbastanza da mettere in tavola una cena per quattro. Mio padre dice che quando aveva la mia età in un'ora riusciva a prendere la cena per tutta la famiglia, e loro erano in sette. Ma non so mica se crederci, a dire il vero...»

Appena finisce la frase Marcello vorrebbe che non gli fosse scappata, perché non è certo di potersi fidare. Pianta di nuovo la canna nel terreno, fingendo noncuranza.

Dora lo guarda fisso con l'occhio buono, poi parla con tono comprensivo.

«Non ti devi preoccupare, non correrò da tuo padre a raccontare che vai in giro a dargli del bugiardo. Posso però confermarti che dice la verità, a quei tempi tutti da queste parti mangiavano pesce di continuo. Poi qualcosa deve essere cambiato, forse nell'acqua, o chi lo sa. Come è cambiato tutto, del resto. Ti fa comunque onore cercare di dare una mano in casa; non è una cosa da tutti, alla tua età.»

«La mucca che mangia erba e non fa latte finisce in bistecca» risponde Marcello, tirando su con il naso.

Dora sorride. «Mia madre diceva sempre anche questo. Ma non credo valga anche per i bambini.»

«Non sono più un bambino, io.»

«Oh, certo che no, dicevo in generale. Tempo un paio d'anni e sarai abbastanza grande per guardarti attorno, per iniziare a pensare di farti una famiglia tutta tua. Sempre che tu non abbia già cominciato a farlo.»

Marcello sente una vampata salirgli alle guance, si sfrega le mani per far finta di sentire freddo.

«A quanto pare ho fatto centro» dice Dora, di nuovo fissandolo, «e la cosa non mi stupisce affatto. Nella vostra famiglia siete molto precoci, da questo punto di vista.»

«I miei genitori si sono sposati che avevano già vent'anni, però...» dice Marcello, grato che il discorso si allontani da lui.

«Ma io non parlavo di loro» risponde Dora. Adesso che ha conficcato l'amo, può permettersi di distogliere lo sguardo dal ragazzo, aspettare che quel che ha insinuato faccia effetto, prima di dare lo strappo.

«Mi riferivo piuttosto a tuo fratello» dice dopo un po'. «Nonostante abbia quattro anni meno di te mi pare che abbia le idee molto chiare, e sappia già con chi accasarsi. È un bambino molto sveglio.»

«Di notte ogni tanto ancora se la fa addosso, altro che idee chiare. Se qualcuno vuole metterselo nel letto meglio che si porti anche un asciugamano.»

C'è ancora del rossore sulle guance di Marcello, ma la causa non è più l'imbarazzo.

«Sei così impulsivo, figliolo, mi ricordi tanto tuo padre. E gli uomini in generale, in verità. Le donne, invece, sono più riflessive. Pianificano, anche con molto anticipo. E quindi non è escluso che qualche ragazza di Roccasa, pur sapendo che è ancora un bambino, gli abbia già messo gli occhi addosso. Magari una ragazza più grande di lui, ma disposta ad aspettarlo. E nel frattempo, proprio approfittando della sua maggior maturità, lo sta legando a sé, poco alla volta, senza che lui neppure se ne accorga. Anche se a pensarci bene negli ultimi tempi ho l'impressione che lui se ne sia accorto eccome, e stia dimostrando coi fatti che la cosa non gli dispiace per niente.»

«Non mi sono mai piaciuti gli indovinelli» sbotta Marcello. Si alza in piedi, raccoglie la canna da pesca, recupera la lenza dall'acqua, stacca il pezzo di pane dall'amo e lo getta nel fiume.

«Non voleva essere un indovinello, ma solo un modo di farti sapere, con il massimo tatto possibile, quel che sta succedendo sotto il tuo naso. Ero quasi sicura che non ci avessi fatto caso, e a quanto pare avevo ragione.»

«La smetta di giocare con me, se ha qualcosa da dire

lo dica chiaramente oppure stia zitta!» urla Marcello, e sbatte la canna da pesca per terra, spezzandola a metà.

Questo scoppio d'ira ha su Dora un duplice effetto: il primo, spiacevolissimo, è causato dalla somiglianza tra il furore negli occhi del ragazzo e quello che molti anni fa ha intravisto in Sandrone.

Il secondo, conseguente e allo stesso tempo speculare al primo, prende le sembianze di una travolgente soddisfazione nel constatare che le sue supposizioni erano esatte, e che sì, il ragazzo è cresciuto a sufficienza ed è senza dubbio pronto.

«Parlo dei regali che tuo fratello lascia ogni giorno davanti alla porta della figlia della sarachìa. Regali che lei sembra apprezzare molto.»

Marcello scoppia a ridere, senza alcuna traccia di divertimento. «Mio fratello non ha nulla, tranne una stupida scatola piena di gusci di cicala. Cosa scoperchio può regalare?» Appena finisce la frase, un dubbio: La targhetta della Vespa, pensa, mica le avrà regalato la targhetta?

«Non ha importanza il valore, anche il più piccolo pensiero può risultare gradito quando proviene da una persona a cui si vuole bene. E in ogni caso le sarachìe sanno come manipolare le persone, come fargli credere quello che desiderano. In fin dei conti non ha nessuna importanza che Teresa sia felice dei doni di Tobia, quello che conta è che lui pensi di sì, e che sia disposto a tutto per lei. Tuo fratello ormai è convinto che quella ragazza sarà sua, anche se è vero l'esatto contrario. E non c'è nulla che tu possa fare al riguardo.»

Marcello stringe i pugni, Dora teme che possa saltarle addosso, prenderla per la gola e regolare per conto della Bestia un conflitto iniziato cinquant'anni prima.

Invece Marcello torna a essere un ragazzino della sua età, turbato dall'indecisione che ha in testa e dalla gelosia che Dora gli ha inoculato con una perfida, chirurgica incisione.

«Non ho tempo per questi pettegolezzi da vecchie. Si è fatto tardi, devo tornare a casa.» Lascia i due tronconi di canna da pesca lì dove sono, le volta le spalle.

«Vai pure» dice Dora rivolta alla sua schiena, «non ho motivo né intenzione di trattenerti. Ma non dimenticare quello che ti è stato riferito, e da chi.»

Quella sera, mentre i ciocchi di legno scoppiettano nel camino, in apparenza si sta svolgendo una cena come tante altre.

Zeno mastica con la testa china, si interrompe solo per ordinare: «Passami il vino». Oppure: «Dammi altro pane».

Anche Angela si concede qualche boccone, ma è pronta ad appoggiare la forchetta o il bicchiere che ha in mano non appena il marito chiede qualcosa.

E Tobia come sempre sembra – o *finge di essere*? – del tutto ignaro dell'atmosfera che lo circonda, protetto dalla bolla dei suoi otto anni.

È una mancanza di consapevolezza che Marcello non ha mai sopportato, e stasera meno che mai.

È eccitato, il fratellino, con il sugo che gli cola sul mento non smette di parlare della sua strabiliante scoperta di oggi. Ha trovato due formicai, uno di formiche rosse e uno di nere, a meno di un metro di distanza l'uno dall'altro. Li ha stuzzicati un po' con un legnetto, godendosi il trambusto, poi ha pensato di ravvivare ulteriormente le cose. Ha preso delle briciole di pane che aveva in tasca, le ha sparpagliate in una fila che andava da un formicaio all'altro. E poi si è goduto la battaglia che è scoppiata quando i due eserciti si sono scontrati seguendo la pista di briciole.

Esclusi i genitori, troppo presi dal loro balletto di ruvidi ordini e istantanea obbedienza per prestargli attenzione, Tobia implora quella del fratello maggiore, di solito bendisposto a fingere interesse anche solo con sporadici cenni del capo.

Ma stasera Marcello è cupo, non alza la testa dal piatto, una versione più giovane del padre, e la fine della battaglia non viene neppure raccontata.

Mentre Angela sparecchia, Zeno si alza da tavola, porta la sedia di fronte al camino, carica e accende la pipa.

«Stiamo per finire la legna» dice con lo sguardo illanguidito dal fuoco, «andate a prenderne un po'.»

I due figli si guardano e non c'è bisogno che Marcello dica nulla perché Tobia capisca che stasera toccherà a lui.

La legnaia è sul retro della casa, Zeno l'ha costruita con le sue mani e poi inchiodata alla bell'e meglio al muro posteriore. Quattro tavole grezze come pareti, pavimento e tetto, una quinta montata su cardini malfermi a fare da porta.

Dentro ci sono ciocchi ammonticchiati alla rinfusa, insieme a tutto quello che secondo Zeno potrebbe essere utile come combustibile: carta, foglie secche, cassette di legno fatte a pezzi.

Ogni volta che apre la porta del deposito, due sono i pensieri che preoccupano Tobia: che tutta la catasta frani – ipotesi tutt'altro che remota, vista la totale mancanza di ordine con cui la legna viene riposta – e che uno dei grassi, disgustosi ragni giallognoli che la infestano gli possa finire in testa, o peggio ancora giù per il collo.

Apre quindi la porta col braccio teso, restando sempre a un passo di distanza, e una delle sue preoccupazioni stasera si avvera. Con un rumore crepitante i ciocchi in cima alla catasta gli rotolano tra i piedi, e solo grazie alla sua prontezza nel saltare indietro non gliene schiacciano uno.

Tobia sbuffa, inizia a raccoglierli uno alla volta con grande cautela – i ragni sono infidi – e nel frattempo si ripromette per l'ennesima volta di mettere in ordine la legnaia, prima o poi. Sotto un ciocco trova la prima pagina di un giornale, spiegazzata e arrivata lì chissà come, magari come imballaggio di un carico di uova.

La raccoglie ed è allora che riconosce l'uomo nella foto. I baffi folti, l'espressione arrendevole, gli occhi vicini, non c'è dubbio che si tratti dell'uomo che portava i fiori sul luogo dell'incidente.

Tobia distende le pieghe del foglio, legge tutto quello che ancora è leggibile, butta gli ultimi ciocchi nella legnaia in preda alla frenesia – e chi se ne importa dei ragni – poi si precipita in casa con il foglio in mano.

Spalanca la porta, Zeno lo guarda con un sopracciglio sollevato, butta fuori una boccata di fumo e poi: «Be'? Dove scoperchio hai lasciato la mia legna?».

«Ho scoperto una cosa, papà. Una cosa grossa.»

«Il fuoco si sta spegnendo e io mi ghiaccio le balle, questa è l'unica cosa che mi interessa al momento. Quindi fila a prendere...»

«Poi vado, ma prima ascoltami: ti ricordi l'incidente al cippo, no? Ho scoperto chi era il morto, era il figlio di uno importante, c'è scritto sul giornale, c'è anche una foto, guarda qua, sono sicuro!»

Zeno lo prende per la collottola.

«Se non la smetti mi costringi a chiederti dov'è che l'hai visto, e sono sicuro che scoprirò qualcosa che merita una bella giostra di cinghiate, quindi lo vedi che non ti conviene? Non me ne frega niente di quello che è morto e di suo padre, non me ne frega neanche se sono Gesù e il Signore in persona. È gente di fuori, gente che non deve venire qui, e infatti quando ci viene finisce sempre male, in marmellata sotto il campanile o allo spiedo a bordo strada. E se tu non smetti di impicciarti rischi di fare la stessa fine, te l'ho spiegato già una volta di troppo, vedi che sia l'ultima.»

Zeno gli strappa il giornale dalla mano e lo getta nel fuoco, dove Tobia vede la faccia dell'uomo accartocciarsi e annerirsi.

«Adesso portami la legna e fila a letto, non ti voglio più vedere fino a domattina.»

Tobia, massaggiandosi il collo, obbedisce.

Quando entra in camera, Marcello è sotto le coperte.

Chiude la porta per provare ad attutire, senza alcun successo, le imprecazioni di Zeno che salgono di volume e le suppliche di Angela, sempre più flebili.

Si spoglia, si distende, ma non smette di rigirarsi, di sbuffare con l'enfasi che alla sua età si usa per innescare una domanda.

«Che hai, finiscila!» sbotta Marcello dopo un po', incapace di prendere sonno a sua volta ma comunque infastidito dall'irrequietezza del fratello.

«Niente, che ho? Niente.»

«E allora smettila di sbuffare, chiudi gli occhi e vattene a scoperchio.»

«Una cosa ci sarebbe, in realtà.»

«Cosa?»

«Non so, mi sembra che oggi ce l'hai con me. Ho fatto qualcosa che non va?»

«Non hai fatto niente, dormi.»

«Ma lo sai che non riesco a dormire se so che sei arrabbiato con me!»

«E allora dimmelo tu: hai fatto qualcosa che non dovevi fare?»

«No.»

«Sicuro?»

«Ah, ho capito. È per la fionda, vero?»

«Cosa c'entra la fionda adesso, si può sapere?»

«Ce l'hai con me perché ho preso la tua fionda senza chiedertelo, e hai ragione, però ti ricordi quella volta che anche tu senza dirmi nulla hai...»

«Non me ne importa nulla della fionda e non ce l'ho con te. Ora dormi o chiamo papà.»

Rassicurato e sotto la minaccia dell'arrivo di Zeno, Tobia si calma, il suo respiro si fa lento e regolare, e poco dopo sta dormendo.

Marcello, invece, resta sveglio.

15

Elvezio ormai parla poco, ancor meno di prima.

È spesso altrove, con il corpo e con la testa.

Aveva sempre pensato che la crescita di Teresa sarebbe dipesa da sua madre, che a lui fosse richiesta solo una presenza marginale. Troppo lontano dalle cose del bosco, Elvezio, per fare qualcosa di davvero utile.

Adesso, per la prima volta, si rende conto che basterebbe una minuscola ferita alle mani che lo esponga a un'infezione, basterebbe una caduta dalle scale o una polmonite, e Teresa si ritroverebbe sola e circondata.

Nives è stata la causa degli sguardi diffidenti che sua figlia ha dovuto sopportare fin da quando era una bambina, ma anche la garanzia che quella diffidenza non si sarebbe mai tradotta in un pericolo tangibile.

Da quando Nives non c'è più Elvezio si ritrova invece a dover proteggere Teresa da una minaccia di cui non conosce l'aspetto, allo stesso modo in cui, pur vedendone gli effetti, non conosce l'aspetto dei virus che colpiscono gli animali che cura.

Quando se ne va da casa per una visita consiglia a Teresa di non uscire.

«Fa molto freddo» dice, ma entrambi sanno che la temperatura non ha nulla a che fare con la raccomandazione. E sanno anche che Teresa se ne avrà voglia uscirà comunque, infagottata nello scialle che Nives ha cucito per lei, sperando che il bosco le spieghi quello che sua madre non ha fatto in tempo a trasmetterle.

«È troppo presto, non ha ancora imparato quel che serve» ha detto Nives, la macchia di sangue che non smetteva di allargarsi sul vestito, gli occhi assenti, le mani fredde.

«Ma forse è un bene» ha concluso, chiudendo gli occhi sempre più spesso, sempre più lentamente. «Forse era previsto che dopo di me la catena si spezzasse, e lei potrà ricostruirsi una vita altrove, senza bisogno di gite notturne nei boschi, senza sporcarsi l'anima per aiutare donne che non lo meritano.»

Poi si è tolta il ciondolo dal collo, lo ha baciato.

«Dalle questo» ha detto. «Mi spiace di non avere niente da lasciare a te, ma...» ha aggiunto, senza riuscire a finire la frase prima di spirargli tra le braccia.

Le trote pescate nell'Anguilla hanno una livrea scura e cangiante, su cui non è raro notare sfumature che tendono al verde o al giallo. Hanno carni allo stesso tempo grasse e compatte, e lische che si fanno via via più insidiose con il crescere della taglia dell'esemplare. Loriano ne ha appena tirata su una di due chili abbondanti, perfetta per una cena più che soddisfacente. L'ha squamata ed eviscerata sul posto, lasciando che il fiume si portasse via pelle e interiora, poi le ha infilato di nuovo l'amo nella guancia, se l'è gettata su una spalla e fischiettando l'ha riportata a casa. Mentre Cristiana la cuoceva, il profumo del pesce sul fuoco gli ha riempito la bocca di saliva. Ha aspettato che la moglie lo pulisse – come sempre sospesa tra lo zelo nel rimuovere tutte le lische e la maniacale attenzione a non rovinare i filetti – e infine si è seduto a tavola.

Ora mastica sotto lo sguardo attento della moglie, ogni tanto si ferma, rimesta il boccone con la lingua, estrae dalla bocca una lisca superstite e la appoggia sul bordo del piatto. Quando ha finito si pulisce la bocca con la manica della camicia, sposta il piatto che ha davanti e batte due colpi sul tavolo, invitando Cristiana ad appoggiarci le mani.

Poi inizia a raccogliere le lische dal piatto, e con pazienza le infila a una a una sotto le unghie della moglie, che non si permette di turbare l'operazione né con gemiti né con gesti di ribellione.

Ogni lisca lascia sotto l'unghia un segno violaceo e filiforme, che si potrebbe scambiare per una vena e che ci mette tre settimane a scolorire e a smettere di bruciare.

Accusata di non aver messo nel camino legna sufficiente, e quindi di essere colpevole dello spegnimento prematuro del fuoco, Bettina viene svegliata nel bel mezzo della notte da Ugo, che la immobilizza sul letto montandole a cavalcioni sul petto e con un tizzone pescato dal caminetto la marchia al centro della fronte.

La mattina dopo la bruciatura, grande come un'oliva, ha un bordo scuro e un cuore di carne viva. Bettina la nasconde sotto i capelli, e dovrà continuare a farlo per tutto il mese seguente.

Eloisa ha fatto tutto con la massima cura: ha bollito i contenitori in un pentolone, li ha asciugati a uno a uno stando attenta che neppure una goccia sfuggisse allo straccio, li ha riempiti con la conserva di susine e sigillati aiutandosi con una tenaglia. Eppure questo non basta a farla stare tranquilla mentre Ferruccio ne pesca uno dalla dispensa e lo osserva in controluce. E quando lo sente dire: «Vieni qui», non fatica a immaginare quello che sta per succedere.

«Lo vedi cosa c'è lì sotto? Lì sotto il bordo? Guarda bene, lo vedi?» dice Ferruccio premendole il barattolo contro il naso. «Quella è muffa, e lo sai che cosa può succedere se uno la mangia? Sì che lo sai, perché te l'ho detto uno scoperchio di volte. E quindi mi viene da pensare che tu lo fai apposta, che stai provando a liberarti di me.»

«Sono stata attenta, te lo giuro» risponde Eloisa, «forse è solo un riflesso, perché muffa lì dentro non ce ne può essere…»

«E allora meglio per te, perché non sarò certo io a mangiarla.»

Ferruccio prende una forchetta, la affonda nel vasetto e poi la infila con forza in bocca alla moglie. Va avanti così finché la conserva non è finita e i rebbi della forchetta le hanno scavato quattro solchi nel palato.

Non ci mettono molto a rimarginarsi, ma comunque molto più di quando Nives era ancora viva.

Saverio è sempre stato pigro, un po' per indole e un po' perché il destino glielo ha concesso. Il padre gli ha lasciato un patrimonio considerevole e appezzamenti sparsi in tutta la regione, che gli hanno sempre garantito una rendita stabile. E questa pigrizia un po' alla volta ha infestato ogni ambito della vita di Saverio, al punto che, per esempio, stasera non ha nemmeno voglia di trovare un pretesto.

Si limita a lasciar cadere un bicchiere, e quando vede Luisa avvicinarsi alla scopa dice: «Lasciala lì, raccogli tutto con le mani».

Osserva la nuca della moglie china sotto il tavolo, ma la soddisfazione non è sufficiente.

Quindi prende Luisa per una spalla, la risolleva, le circonda le mani piene di cocci con le sue, e stringe finché il sangue non inizia a gocciolare.

Una volta ripulito il pavimento, Luisa se le fascia entrambe con bende ottenute da una vecchia sottoveste, ma le ferite sono profonde, hanno lacerato i tendini, e la mano sinistra in particolare non riacquisterà mai la piena funzionalità.

A differenza di Saverio, Salvatore non ha ereditato nulla dal padre, tranne alcuni debiti e un dado intagliato nel legno a cui il vecchio affidava tutte le scelte importanti, secondo un personalissimo sistema di punteggi che, a differenza del dado, non è stato tramandato.

Salvatore ha sempre deriso la cieca fiducia del padre nelle capacità divinatorie del dado, peraltro facilmente smentibili dalla miseria in cui la sua famiglia versa fin da quando era bambino, e non ha quindi mai affidato al dado alcuna decisione.

Trova però appropriato il suo utilizzo per questioni più frivole, e quindi una sera lo prende dalla mensola sopra il caminetto, lo appoggia sul tavolo tra sé e la moglie e le illustra le regole che ha appena ideato.

Chi fa il lancio più alto vince, e ha a disposizione un numero di colpi da infliggere all'altro pari alla differenza tra i due lanci.

«Ci stai?» chiede sorridendo.

E poi, senza aspettare una risposta, porge il dado alla moglie.

«A te l'onore del primo tiro» dice, e congiunge le mani, indurite dai calli e capaci di sollevare un cocomero ognuna con la sola forza delle dita.

Il gioco, come prevedibile, ha vita breve.

Salvatore vince tre dei primi quattro lanci e si assicura un vantaggio di otto colpi, più che sufficienti a gonfiare i lineamenti di Lucia fino a renderla irriconoscibile.

«Salvatore, non riesco più a tenere aperto un occhio e mi fa male un orecchio, ti prego, basta» implora.

«Non ti sai divertire, questo è il tuo problema» dice allora il marito, e si alza per rimettere il dado al suo posto sulla mensola.

Servono dieci giorni perché l'occhio si sgonfi abbastanza da consentirle di vedere di nuovo, ne occorrono il triplo perché l'orecchio smetta di fischiare.

16

Quando Marcello apre gli occhi, appena prima che una bocca profonda, nera e senza denti lo inghiotta, i rami del fico spazzolano la finestra della stanza e Tobia non è nel suo letto.

Marcello lo chiama a bassa voce, non ottiene risposta.

Si alza dal letto, va alla finestra, da cui si riesce a vedere di sbieco la porzione del cortile in cui si trova il casotto della latrina. La porta del casotto è aperta e di Tobia non c'è traccia.

Preoccupato e insospettito, Marcello allora si veste in punta di piedi, uno strato dopo l'altro, tranne le scarpe che infila solo quando è già fuori dalla porta di casa.

C'è un'aria limpida, e blu come la volta priva di nuvole che risucchia il ragazzo, ipnotizzandolo a naso in su per alcuni secondi.

Marisa lo dice sempre che un cielo stellato come questo dovrebbe bastare a ridimensionare le manie di grandezza e le preoccupazioni di chiunque. Marcello si lascia cullare per un po' da quel pensiero, prova a rimettere le cose in prospettiva, si ripromette di parlare a Tobia, di chiedergli spiegazioni con la massima calma su quello che ha detto Dora un paio di mesi fa, e quasi si convince che allora tutto tornerà a posto.

Poi fissa gli occhi sulla luna, e come nel sogno da cui si è svegliato poco fa di nuovo gli pare che qualcosa lo stia inghiottendo un palmo alla volta, che la luna si allontani mentre lui affonda come qualcuno che stia precipitando in un buco, o in un pozzo.

E quindi è proprio al pozzo che si dirige.

Quando ci arriva si siede sul bordo e nonostante la giacca e i pantaloni sente la pietra fresca sotto le natiche.

Prima di sedersi ha raccolto una manciata di sassetti bianchi come i denti di un bambino e ora li butta nel pozzo da sopra la spalla, aspetta il *plof* di ognuno, convinto chissà perché che prima o poi dopo un lancio non ci sarà nessun rumore, che il pozzo a un certo punto smetterà di avere un fondo.

Non pensa neanche più al motivo per cui si è vestito ed è uscito di casa, non pensa più a Tobia, quand'ecco che appare.

Tobia non si aspettava di incontrare qualcuno a quell'ora, quindi quando vede la sagoma del fratello seduto sul pozzo sussulta, risucchia una gran boccata di aria e nasconde qualcosa dietro la schiena.

«Che ci fai qui? Mi hai fatto prendere un colpo!» esclama.

«Che ci fai tu, piuttosto» risponde Marcello. «Lo sai che succede se mamma e papà scoprono che vai in giro da solo a quest'ora?»

«Facevo solo un giro, e poi tanto quando si addormentano non si svegliano mica più.»

«E cosa hai trovato durante il *giro*, allora? Cos'hai lì dietro?» dice Marcello, che butta l'ultima manciata di sassolini nel pozzo e poi con un saltello scende dal muretto.

«Nulla, Marcello, nulla. Ora andiamo a casa, ma promettimi di non dire a mamma e papà...»

Marcello prende il fratello per le spalle, lo fa ruotare senza alcuno sforzo e gli prende il barattolo dalle mani. Una decina di puntini luminosi ci danzano dentro, incrociando le loro traiettorie e andando a sbattere contro le pareti.

«Eh, certo, andiamo a casa, e magari ci portiamo anche queste bestiacce qua, così quando papà lo scopre prima gonfia te, e poi anche me che lo sapevo e non te l'ho impedito. Certe volte sei così stupido che non mi sembra vero che siamo fratelli. Ma cosa scoperchio hai in testa?»

Marcello apre il barattolo, lo scuote e le lucciole sciamano fuori.

«No!» urla Tobia buttandoglisi addosso, ma a Marcello basta mettergli la mano sulla fronte per tenerlo a bada mentre le lucciole si disperdono.

«Perché lo hai fatto, perché?» piagnucola Tobia, colpendo con pugni inoffensivi lo stomaco del fratello. «Ci avevo messo ore a raccoglierle, non erano roba tua! Stai diventando cattivo come papà, e io ti odio! Io vi odio, tutti e due!»

«Non erano roba mia, ma scommetto che non le avevi neanche catturate per te, o sbaglio?»

«E per chi, allora? Certo che erano per me!»

«Chissà cosa dirà la tua adorata Marisa quando saprà che il suo cocchino dice le bugie... Com'è che dice sempre? Ah, già, "le bugie fanno piangere Gesù". Forse penserà che tra non molto anche il piccolo Tobia diventerà uguale a suo padre e al suo fratello maggiore. Pensa come ci resterà male.»

«Io non ci divento come voi, sapete solo fare del male per il gusto di farlo. Piuttosto di diventare come voi mi uccido!»

«E tu invece sei gentile, sempre gentile, dico bene? Mi ha detto un uccellino che infatti ti sei messo a fare regali per entrare nelle grazie di qualcuno. Qualcuno che non dovresti neanche guardare. E allora adesso dimostra che non sei la femminuccia che pensavo, coraggio, mezza sega, raccontami tutto.»

Una spinta e Tobia è per terra.

Si asciuga le lacrime con la manica della giacca, poi guarda il fratello e sputa per terra.

«Anche in questo sei come papà, ormai. Parlate, parlate senza dire niente, cercate solo una scusa per fare a botte. E allora va bene, ti racconto tutto. Le lucciole erano per Teresa. Era la tua migliore amica, ricordi? Solo che adesso ti odia, come ti odio io, come tra poco ti odieranno tutti. Così finalmente sarai proprio come papà, preciso preciso, solo che tu non avrai neanche una donna accanto, perché Teresa a differenza della mamma ha capito in anticipo cosa stai diventando e di certo non ti sposerà.»

Marcello solleva Tobia afferrandolo per la gola, se lo avvicina talmente tanto al viso da sentirgli nell'alito il sentore dolciastro di qualche bacca che deve aver colto e mangiato tra una lucciola e l'altra.

«E tu pensi che una manciata di lucciole basteranno a fare in modo che sposi te, piccolo borchio?»

«Quello che ho detto ti manda a scoperchio perché sai che è tutto vero...» dice Tobia, che non ha più molto fiato ma ne consuma lo stesso un po' per esalare una risatina di scherno.

«Non ridere di me, bada, o te ne faccio pentire sul serio» lo minaccia Marcello stringendo la presa.

«E che differenza fa, se rido o no? Tanto qualunque cosa faccio non ti ridarà indietro l'affetto di Teresa.»

Marcello alza la mano sinistra e lo colpisce sulla testa.

Il barattolo va in frantumi, cocci tra i capelli di Tobia e cocci nella mano di Marcello, il sangue dei fratelli che si mescola al vetro.

A Marcello adesso sembra di tenere per il collo un mucchio di vestiti senza nessuno dentro.

«Non fare scene» dice. «Apri gli occhi, smettila.»

Nel bosco ci sono fruscii e richiami, nella sua testa una nebbia che si fa sempre più fitta e che gli impedisce di rendersi conto di quel che ha fatto, finché dal cuore della nebbia esce una voce, la stessa che a Roccasa hanno già sentito in molti, e che ognuno ha immaginato provenire da un luogo diverso.

Per Marcello viene dal pozzo alle sue spalle, è una voce che adesso ricorda di aver sentito anche nel sogno da cui si è svegliato un'ora prima. La voce dà consigli mentre si prepara a digerirti, è l'ultima cosa che senti mentre precipiti e che accompagna anche l'ultima cosa che vedi – la luna, di un colore osceno, tendente al marrone –, e non fa poi molta differenza se a precipitare sia il tuo corpo o quello di tuo fratello, forse sarà lui, e non un sasso come credevi, a non far rumore quando raggiungerà il fondo inesistente del pozzo.

Invece il corpo senza vita di Tobia fa un tonfo che a Marcello sembra in grado di svegliare tutto il paese, e che lo spinge a correre senza fermarsi almeno fino a che polmoni e gambe hanno la forza di tenerlo in piedi.

1923

Ignazio inizia a sputare sangue una sera, dopo cena. Rifiuta con sdegno le cure di Ada, dicendo che tutto quello di cui ha bisogno è una bella dormita.

Quando Ada si sveglia, la mattina dopo, nella penombra vede che durante la notte il sangue non ha smesso di colargli dagli angoli della bocca, è sceso lungo il collo e ha impiastricciato nuca e cuscino.

Ada scalda del latte in un pentolino, prepara una mistura antinfiammatoria di radici e la lavora nel pestello, poi unisce tutto in una tazza e ne rovescia una parte quando Dolores, che poche settimane prima ha compiuto dieci anni, le spunta alle spalle.

«Come sta?» chiede.

«Non bene, temo che toccherà portarlo dal medico. E non sarà facile, visto che li considera tutti ciarlatani. Ora vediamo se almeno mi riesce di fargli bere questo.»

In camera, Ignazio apre gli occhi, il viso gonfio e il respiro dal ritmo irregolare. Si mette seduto, senza parlare beve dalla tazza, poi si volta dall'altra parte e si rimette a dormire. Resta a letto tutto il giorno, non mangia nulla di solido. Quando si sveglia ormai è ora di cena, beve una scodella di brodo di pollo in piedi, grattandosi i capelli impastati di sangue, poi senza una parola torna a letto.

Ada e Dolores restano sole, libere come non sono mai state. Mangiano il pollo usato per fare il brodo, verdure lesse, un avanzo di polenta. Dolores è sovraeccitata, parla con la bocca piena, gesticola. Ada le risponde a monosillabi, e appena la cena è finita si alza, raccoglie i piatti e inizia a lavarli. Poi, di schiena, chiede a Dolores quello che si è rigirata in bocca per tutta la sera: «Cosa gli hai dato?».

«Niente» risponde Dolores, e capisce un secondo troppo tardi che quella bugia, sputata senza fare domande, vale come un'ammissione di colpa.

Fino a quel momento Ada ha optato per un'iniziazione cauta. Dolores non è ancora del tutto sviluppata, e quindi Ada ha preferito risparmiarle gli aspetti più sconvolgenti del ruolo che dovrà ricoprire, dandole però i primi rudimenti sulle piante e i loro utilizzi – alcuni dei quali sono più che compatibili con quello che sta accadendo a Ignazio.

«Non te lo chiederò un'altra volta, quindi vedi di dirmi la verità: cosa gli hai dato?»

«Quello che si merita. Quello che ho promesso di dargli quando ha iniziato a picchiarti.»

Dolores vede le spalle della madre abbassarsi e alzarsi una, due, tre volte. Interpreta il movimento come un pianto, si alza da tavola per andare ad abbracciarla.

«Come hai potuto essere così stupida?» ringhia Ada, che non sta affatto piangendo.

«Ma l'ho fatto per te, l'ho fatto per noi…»

«È arrivato il momento di spiegarti perché quello che

sembra giusto a te potrebbe rivelarsi catastrofico per tutti gli altri.»

Ada si asciuga le mani, si siede di nuovo davanti alla figlia.

«Ora apri bene le orecchie, perché se non capisci quello che sto per dirti saranno in molti a pagarne le conseguenze. Roccasa è un posto speciale, ormai lo avrai capito. E questo non ha effetti solo su di me o su di te, ma coinvolge tutti, anche il bastardo buono a nulla in cui si è trasformato tuo padre da un paio d'anni. Coinvolge addirittura gli animali, e le piante, dagli alberi più grossi del bosco occidentale giù giù fino a ogni singolo filo d'erba. Siamo tutti pezzi di una diga, che serve a tenere a freno qualcosa che altrimenti ci potrebbe distruggere. Basta che anche solo un pezzo ceda e la diga rischia di crollare. Mi segui?»

«Credo di sì.»

«Bene, è già qualcosa. Non tutti sono consapevoli del loro ruolo, anzi, forse non lo è nessuno, ma le cose stanno così, che noi ce ne rendiamo conto o no non fa molta differenza. Se avveleni tuo padre, anche se lo fai per proteggerci, rischi di far venire giù la diga, e l'alluvione ci travolgerebbe tutti.»

«E quindi? Cosa dobbiamo fare? Chinare la testa e lasciare che ti spezzi le dita a una a una? Che le cose continuino ad andare a scoperchio?»

Ada capisce che tra non molto non le sarà più possibile rimandare, né dissimulare.

«No, la passività è la condanna che spetta a tutti gli altri. La nostra, quella delle donne della nostra famiglia, è dover agire. Vestiti, dobbiamo uscire.»

Poco dopo sono fuori, in una spietata notte di gennaio, dirette all'Albero sotto cui Ada spiegherà a Dolores come si prepara il grembo per il prossimo non-nato.

Ignazio recupera la piena salute nel giro di un paio di giorni, riemerge dalla sua convalescenza tale e quale a prima.

Dolores non proverà più a sbarazzarsi di lui, ma il suo tentativo mette radici in Ada, la spinge a chiedersi se ci sia un modo per provare a disinnescare la propensione alla violenza degli uomini di Roccasa. La soluzione le arriva sotto forma di due intuizioni, in rapida sequenza. La prima è che se per Ignazio e per gli adulti in generale non c'è più nulla da fare, per i più piccoli forse si potrebbe tentare di risolvere il problema prima che si manifesti, attorno agli undici anni.

La seconda, all'inizio niente più che un'ipotesi speculativa, è che, se quello che ha detto a Dolores riguardo all'equilibrio è vero, allora l'Albero è il naturale contrappeso della Bestia. E se questa è la causa della violenza, allora quello potrebbe esserne l'antidoto.

Sceglie quindi due ragazzini molto diversi tra loro.

In uno, corpulento e impulsivo, Ada vede il germe di un futuro Ignazio. L'altro invece è impacciato, silenzioso, capace di fare del male solo alla propria autostima.

Entrambe le madri dei ragazzini sono assidue frequentatrici della Consolazione, e Ada può quindi approfittare del suo ascendente per un esperimento. A entrambe consegna una piccola ampolla piena di una marmellata verdognola, ottenuta dalla linfa dell'Albero.

«Se vuoi salvare tuo figlio, se vuoi evitare che diventi come suo padre» dice loro indicando i segni delle botte che le hanno condotte lì, «trova il sistema di fargli mangiare questa. Fai in modo che non se ne accorga, e soprattutto non parlarne con nessuno, è una possibilità che sto dando solo a te.»

Poi inizia a tenere d'occhio i due ragazzi e aspetta.

Quello che nota dopo qualche mese è che entrambi sembrano subire una spinta contraria alla loro indole, e la interpreta come una conferma che Roccasa è un ecosistema che tende all'equilibrio. Il ragazzo corpulento diventa più riflessivo, quello mingherlino invece acquista fiducia in se stesso, smette di nascondersi.

È un risultato interessante, ma che ancora non dice nulla riguardo al motivo per cui Ada ha sperimentato il trattamento; per quello toccherà aspettare.

Cinque anni dopo, quando Dolores compie quindici anni, Ada la mette di fronte alla necessità di fare una scelta, di decidere quale dei due preferisca come marito.

Dolores si schermisce e dice arrossendo: «Non lo so, non ci ho ancora pensato».

«Quelle come noi sono costrette a maturare in fretta. Non devi rispondere subito, ma almeno devi iniziare a pensarci, perché il momento di scegliere arriverà senza preavviso.»

Nel giorno del suo sedicesimo compleanno Dolores sposa Demetrio, il ragazzo corpulento che è stato addolcito dalla linfa. Nel frattempo, tutte le sue coetanee che si sposano poco dopo le nozze iniziano a ricoprirsi di lividi e tumefazioni. Dolores no, nonostante Demetrio sia potenzialmente in grado di spezzarle il collo con una sola mano.

Poco dopo essersi sposata resta incinta, e nella stessa sera in cui comunica la notizia alla madre, quando entrambe hanno smaltito l'emozione e dopo che Ada ha dichiarato che senza dubbio sarà una bambina, Dolores chiede come sia possibile che solo a lei vengano risparmiate le botte.

Ada allora riprende i discorsi di sei anni prima, e spiega il trattamento.

Dolores ci pensa su, accarezzandosi la pancia appena accennata.

«Se basta dare qualcosa da bere agli uomini per renderli inoffensivi, perché non farlo con tutti?»

«C'è qualcosa che ancora non ti ho detto. Non ne vado fiera, ma presto capirai che ci è richiesto di prendere decisioni difficili, e di fare cose controverse... Non ero sicura che il trattamento avrebbe funzionato su Demetrio, avevo bisogno di un'alternativa. Quindi ho trattato anche un altro ragazzino. Per un po' tutto è filato liscio, hanno risposto entrambi bene, al punto che mi sono fatta la tua stessa domanda: perché non trattare tutti gli uomini del paese? E quando ti sei sposata, il comportamento di Demetrio è stato la prova che il trattamento funziona alla perfezione sul marito della futura sarachìa. Ma per l'altro ragazzo la situazione è precipitata. Il trattamento aveva sopito le sue pulsioni per molti anni, ed è come se gli si fossero accumulate dentro, incapaci di trovare uno sfogo. E hanno finito per dilaniarlo.»

Dolores pensa a quello che ha appena sentito, poi impallidisce e si porta le mani alla faccia.

«Eugenio?» chiede con la voce che trema.

«Sì. Mi spiace, ma non avevo alternative, dovevo essere sicura.»

«Dio mio» dice Dolores, iniziando a singhiozzare. «Dio mio.»

... non può essere stata una sua scelta, lei non ti avrebbe mai fatto una cosa simile, deve essere stata colpa di sua madre, quella lurida sarachìa, perché Dolores no, Dolores è buona, lei ti ha sempre trattato con dolcezza, Caro Eugenio, ti diceva, anche quando tutti ridevano di te e tu volevi non esserci più, volevi diventare trasparente, e poi è stato merito suo se a un certo punto hai smesso di subire, se ti sei sentito più forte, era come qualcosa di caldo che ti scorreva dentro, e anche se non ti ha mai promesso niente, anche se non vi siete mai nemmeno sfiorati, tu sentivi di piacerle, almeno un po', ti alzavi ogni mattina grazie alla forza che ti dava questo pensiero, e andavi a letto ogni sera sapendo che la mattina dopo il pensiero sarebbe stato ancora lì, e come sembrava lontano il periodo in cui volevi diventare trasparente, in cui la guardavi senza essere visto, convinto che ti avrebbe sempre preferito Demetrio, la sua camminata sicura, le braccia forti, e poi è arrivato quel fluido caldo e tutto a un tratto Demetrio non sembrava più così massiccio, così inscalfibile, lui stava rimpicciolendo e tu stavi crescendo – non fisicamente, certo, perché ancora ti superava di tutta la testa in altezza, ma la sensazione era quella, e la sensazio-

ne contava più della realtà, la sensazione aveva il potere di cambiare *la realtà – e poi, sensazioni a parte, stavi crescendo davvero, undici anni, dodici, la peluria in faccia e sotto le ascelle, e i sogni, confusi, in cui il tuo corpo sembrava più maturo della tua mente, le mattine in cui lavavi di nascosto la biancheria, ancora turbato dalla notte precedente, pieno di domande a cui non sapevi rispondere, tredici anni, quattordici, ti rendevi conto che il futuro che sognavi con Dolores si stava trasformando, non aveva più le tinte zuccherose della favola, ma decise e piene di chiaroscuri, e che avevano anche un odore, di terra di muschio di… di cosa?, qualcosa che mai avevi annusato davvero, che avevi conosciuto solo in* quei *sogni, quindici anni quando Dolores sta per compierne sedici, a quell'età le ragazze di Roccasa spesso si fidanzano, è ora di agire, devi farti avanti, comportarti da uomo, andare da Ignazio e chiedergli la mano di sua figlia, ma sprechi occasioni, gli occhi di Ignazio hanno qualcosa che ti prosciuga il coraggio, che fa evaporare il liquido caldo, dopo tutto questo tempo riecco l'insicurezza dei tuoi dieci anni, e poi una mattina ti svegli, senti in lontananza risate, un applauso, e vicino al pozzo c'è un gruppo di persone, e in mezzo al gruppo ci sono Dolores e Demetrio, non ti serve altro per capire, basta la coroncina di fiori che qualcuno le ha messo in testa, Demetrio che stringe le mani agli uomini, la delusione che ti fa l'effetto di una secchiata di acqua gelida, non solo perché capisci di aver perso Dolores, ma anche perché sei stato così stupido da pensare di avere qualche possibilità, stupido Eugenio, stupido, e quello è il momento in cui ce la fai, diventi trasparente, una statua di vetro che sta per esplodere e ferire tutti quelli che sono nei paraggi, quelli che hanno colpe come la sarachìa e anche quelli che non ne hanno, il vetro non pensa, non sceglie, non decide, il vetro taglia e basta, e allora vai, corri in mezzo a loro, esplodi in schegge e taglia, il vetro non vede, ma taglia…*

17

Quando Angela si sveglia il sole ha già oltrepassato il bordo del bosco orientale. Non le capita spesso di dormire fino a quest'ora, ma è domenica e la sera prima Zeno è stato più tranquillo del solito, limitandosi agli insulti senza arrivare alle botte.

Nonostante sia tardi la casa è silenziosa, tranne che per il respiro pesante di Zeno.

Angela si alza, va in cucina, mette il caffè sul fuoco.

Mentre aspetta che sia pronto esce, venendo investita da una luce così spietata da darle quasi un capogiro. Eppure l'aria è fresca, sembra avere la meglio su un sole primaverile che splende ma non scalda.

Angela si stiracchia, rientra in casa.

Senza fare rumore, va nella camera dei figli; meglio svegliarli, Zeno non sopporta che siano ancora a letto quando lui si alza.

Tira le tende, lascia che la luce conquisti ogni angolo della stanza, si accorge che Tobia non è nel suo letto.

«Marcello» dice, «Marcello, dov'è Tobia?»

Marcello si limita a farfugliare qualcosa senza neppure aprire gli occhi.

«Marcello, sveglia!» urla Angela, scuotendolo per la spalla e rendendosi conto che scotta.

Quella che aveva scambiato per una risposta ancora impastata di sonno era in realtà il delirio dato dalla febbre.

C'è bisogno di una spugna e di acqua fresca.

Forse questo spiega anche l'assenza di Tobia, forse si è accorto che il fratello scottava ed è andato al pozzo a procurarsela. Il fatto che prima non abbia avvertito sua madre è strano, ma non la stupisce più di tanto: negli ultimi tempi il bambino sta cedendo il passo al ragazzino, e ciò si traduce in un parossistico bisogno di indipendenza.

Al pozzo, però, di Tobia non c'è traccia. E Roccasa tutta sembra ancora mezza addormentata, al punto che durante il tragitto Angela non ha incontrato nessuno.

Quella che le era parsa una mattinata serena si è capovolta in un'ansia che le strizza qualcosa appena al di sotto dello sterno.

Si scherma gli occhi con la mano, si guarda attorno facendo un giro su se stessa, passando dal bosco occidentale al monte Severo, e da lì al bosco orientale, ai due ponti, al tratto di fiume che scorre e chiude a sud la valle in cui sorge Roccasa. Nessun movimento.

Lascia cadere il secchio nel pozzo, e invece del rumore liquido che si sarebbe aspettata c'è un botto sordo, come se nell'acqua ci fosse qualcosa di solido.

Angela si affaccia, poi comincia a gridare.

Nelle settimane che seguono, in cui il tempo sembra fatto di una strana sostanza gommosa, tutte le donne di Roccasa si prendono cura di lei, lasciandola sola il meno possibile. A nessuna di loro Angela ha il coraggio di rivelare un particolare a cui lì per lì non aveva dato importanza, ma che le è poi tornato in mente, trasformandosi in un dubbio che pulsa come un dente guasto.

Quella mattina, dopo essersi resa conto che Marcello aveva la febbre, la prima cosa che aveva fatto era stata scoprirlo per rinfrescarlo almeno un po'.

Marcello non aveva addosso il pigiama ma solo canotta e mutande, intrise di sudore, e un paio di calzini sporchi.

I suoi pantaloni, che la sera prima Angela aveva piegato e appoggiato sulla sedia, erano invece buttati per terra e ricoperti di fango.

In mancanza di un vero e proprio cimitero, a Roccasa i morti si seppelliscono nella radura alle spalle della chiesa. Uno spazio limitato a nord e ovest dal corso curvo dell'Anguilla, a est dalla catena di cui fa parte il monte Severo, che prosegue dopo l'interruzione del fiume.

Il campo è incolto, irregolare. Ci sono zone in cui l'erba è cresciuta a dismisura, senza che nessuno se ne curasse, ed è arrivata a soffocare le poche lapidi ancora in piedi. E ce ne sono altre in cui il terreno è sabbioso, o ricoperto del ghiaino che un po' alla volta rotola giù dalla montagna. Dappertutto una sensazione di abbandono, di rimozione, rafforzata anche dalla mancanza di qualsiasi segno di una visita recente.

Non ci sono fiori sulle tombe di Roccasa, solo rettangoli di terra smossa e poi ripianata alla bell'e meglio, senza nessuno che venga a fargli visita tranne lucertole, vermi, lumache grosse come susine, qualche corvo.

Neppure Teresa del resto è qui per far visita a qualcuno, ci si è ritrovata sovrappensiero, nel bel mezzo di una delle passeggiate solitarie che ormai sono il suo unico passatempo. Il paesaggio desolato che ha attorno però soddisfa il suo bisogno di isolamento, e quindi continua a camminare tra le tombe, la storia di Roccasa che le si svolge attorno, scandita dalle sue tragedie.

Ecco la tomba di Eugenio, di cui Teresa sa che perse la testa e si cavò gli occhi con un pezzo di vetro, terrorizzando tutto il paese, che poi sopravvisse per anni chiuso in casa e accudito dalla madre, e che da morto divenne uno spauracchio per i bambini indisciplinati: "Comportati bene o arriva il ragazzo col vetro negli occhi".

Ecco quella di don Antonio, seppellito qui senza che nessun familiare si sia fatto vivo, e quella di Tobia, la più recente.

E poi tombe di persone di cui Teresa non sa nulla, solo nomi e date sulla pietra incrostata di licheni.

Per nessuno di loro, neanche per quei pochi che ha conosciuto, Teresa adesso prova alcunché. Le sembra di essere diventata come uno di quegli alberi secchi e col tronco scavato che non hanno più nulla di vivo e restano in piedi per inerzia, in attesa che un temporale li butti giù.

Le cose non cambiano neanche quando si avvicina alle tombe dei suoi parenti in fondo alla radura, appena prima che il terreno inizi a risalire e a farsi roccioso, separate dalle altre in una evidente rappresentazione di cosa significhi far parte della famiglia delle sarachìe.

Le tombe sono divise in due file parallele, sopra le donne e sotto gli uomini:

Ada (1890-1933) Dolores (1913-1955) Nives (1930-1960)

Ignazio (1888-1935) Demetrio (1913-1957)

Ognuna delle donne è morta più giovane della madre, ognuno degli uomini non è sopravvissuto a lungo alla scomparsa della moglie, come se la sua funzione su questa terra si fosse esaurita con la morte della sarachìa.

Resta un solo posto sotto Nives, riservato a Elvezio, dopodiché gli spazi di famiglia saranno esauriti.

Così come non ne avanzano molti in tutto il cimitero, giusto qualche buco qua e là.

A meno di riesumazioni, presto Roccasa non avrà più spazio per i suoi morti.

Spazio per i vivi, invece, sembra essercene a sufficienza, almeno quanto ne basta perché sia possibile per uno di loro riuscire a evitarne un altro.

È quello che Evelina ha fatto negli ultimi mesi, modificando abitudini e tragitti pur di non trovarsi faccia a faccia con Teresa. Una scelta venata di dubbi e rimorsi, non abbastanza insistenti da portare a un ripensamento.

Quando entra nel cimitero – si è svegliata con un impellente bisogno di far visita a Tobia, e ha deciso di obbedirgli – e si trova a sette passi di distanza da Teresa che ne sta uscendo, Evelina si sente come paralizzata e incapace di reagire.

«Ciao» dice Teresa.

«Ciao» risponde Evelina; e poi, con un ritardo sufficiente a far evaporare ogni pretesa di spontaneità, aggiunge: «Come stai?».

«Mi conosci abbastanza bene, come sto lo puoi vedere da te, se solo hai il coraggio di guardarmi.»

Evelina, impegnata a seguire qualcosa di inesistente che le striscia tra i piedi, solleva la testa. Quello che vede non è il viso che fino a ieri avrebbe giurato di saper descrivere fin nei minimi dettagli, ma una sua versione più adulta – o addirittura più *vecchia*? Possibile che Teresa abbia saltato a piè pari la maturità e sia invecchiata di colpo? Evelina distoglie lo sguardo, torna a esaminarsi i piedi.

«Cosa ti avranno mai raccontato di me, per ridurti così? "Non di sangue, ma di sorte, siam sorelle, fino alla morte." Te lo ricordi, vero? Me lo hai canticchiato tu, solo qualche mese fa...»

«Non mi hanno raccontato niente, è solo che dopo quello che è successo non possiamo far finta che tutto sia come prima. Vale per me, ma anche per te.»

«Ma non sono io che ti sto evitando!»

«Eppure sei tu che hai smesso persino di venire a lezione.»

«Avevo bisogno di passare un po' di tempo da sola, di schiarirmi le idee.»

«E ha funzionato?»

«Meno di quello che speravo, ma abbastanza da capire che siamo in pericolo, tutti quanti.»

«Pericolo di cosa?»

«Questo paese finora è sopravvissuto grazie a due cose: la ripetizione e l'equilibrio. Morta una sarachìa se ne faceva un'altra. E forse molti pensano che succederà la stessa cosa anche con Dora, che quando morirà qualcuno prenderà il suo posto. Tu stessa, magari. E invece adesso è andato tutto a scoperchio, e non tornerà più come prima.»

«Non sono sicura di capire, e mi stai mettendo addosso anche un po' di paura. Adesso è meglio se torno a casa, devo...»

«Non prendermi in giro, e non prendere in giro te stessa. Lo so che lo senti, come lo sento io. Non puoi scappare da quello di cui ti sto parlando. Io non posso prendere il posto di mia madre, e nessuno potrà prendere quello di Dora. Noi non siamo come loro. Una volta credevo fosse un bene, ma adesso non ne sono più così sicura.»

«E come siamo, allora? Se anche quello che dici è vero, cosa possiamo fare? Forse non siamo come loro, ma se è per questo neanche io sono come te. Anche se siamo cresciute insieme tu sei sempre stata diversa. Forse anche migliore, questo non lo so, ma di sicuro diversa.»

«Non è una gara a chi è migliore, ma a chi sopravvive.»

«Senti, mi spiace per quello che è successo a tua madre, mi spiace anche di non esserti stata vicina, ma il fatto che lei... che lei non ci sia più non vuol dire che siamo tutti in pericolo.»

«Mia madre non è morta per una malattia, o per un incidente, anche se tutti quanti fingono di non saperlo. Si girano dall'altra parte, ma tra non molto la rovina sarà dappertutto, e non ci sarà più modo di distogliere lo sguardo.»

«Siamo solo ragazzine, cosa vuoi che facciamo?»

«Non fare finta di niente sarebbe già qualcosa.»

«Per te è facile, con tutto quello che sai…»

«Non so niente di niente! Non so cosa ci si aspetta da me, non so perché tutti mi evitano, e soprattutto non capisco come le due cose possano andare a braccetto. Se mia madre fosse ancora viva le chiederei questo, come prima cosa: perché dovrei aiutare persone che mi disprezzano?»

«Se anche tu sei così confusa, non puoi pretendere qualcosa da me. Lo capisci, questo?»

«L'unica cosa che capisco è che non sei più l'amica di cui ho bisogno, o forse non lo sei mai stata» dice Teresa, che poi si volta per non mostrare che gli occhi le si stanno riempiendo di lacrime.

«Aspetta» dice Evelina, provando a fermarla, senza troppa convinzione e senza fare niente di più, mentre Teresa si allontana.

18

Rispetto alla riunione di quattro mesi fa, il numero di donne radunate nella locanda è quasi raddoppiato. Le paure di allora si sono propagate, il bisogno di confrontarsi si è trasformato in una pressante esigenza di agire.

Tra tutte Dora è la più vecchia, stavolta non più seduta in disparte ma in piedi in mezzo alla stanza, nonostante le gambe gonfie e il dolore al coccige che la tormenta da mesi.

Evelina, che non era presente al primo incontro ed è la più giovane nella locanda, non sa cosa aspettarsi. Si guarda attorno attenta a non incrociare lo sguardo delle altre, trattiene il respiro quando l'indice di Dora la punta durante la conta delle presenze.

«Sorelle!» dice Dora quando ha finito di contare.

«Sorelle di Roccasa» dice – ed Evelina non può fare a meno di notare che tra le assenti c'è proprio l'unica vera sorella di Dora –, «siamo di nuovo qui, come animali braccati che si rifugiano in una tana. Quello che ci tormenta, ormai da generazioni, è un nemico dalle molte teste. Non so se ce ne sia una che comanda, o se invece ognuna faccia la sua parte indipendentemente dalle altre. Ma so per certo che l'unica soluzione, la nostra unica speranza, è tagliarle, una per volta. Quella della sarachìa è già caduta, ma a quanto pare non è stato sufficiente.»

È una confessione brutale, a cui risponde un brusio inorridito.

«Già una volta ho cercato di suggerirvi che fosse necessario reagire» continua Dora. «Non mi avete dato ascolto, avete preferito continuare a farvi umiliare, ogni notte e in ogni modo possibile. E le cose non sono cambiate, anzi sono persino peggiorate, al punto che una di voi ha perso un figlio. O forse, in un certo senso, tutti e due...»

Angela, seduta su una sedia, inizia a singhiozzare. Una, due, tre mani le si poggiano sulle spalle, le accarezzano i capelli.

«Dora, basta, non c'è bisogno di infierire...» dice Sofia. «Sono solo pettegolezzi, non sappiamo quel che è successo, e non c'è motivo per dubitare che sia stato un incidente. Forse il bambino era sonnambulo, o forse è scivolato...»

Dora solleva al soffitto l'occhio buono, poi sputa per terra.

«Non riuscite a farne a meno, è più forte di voi. Qualunque cosa accada vi ostinate a non voler vedere.»

«E allora spiegacelo tu quel che è successo. Siamo stufe delle mezze frasi, abbiamo già dovuto sopportare per anni quelle delle sarachìe, ma loro almeno ci guarivano.»

Un altro brusio, stavolta di apprezzamento.

«Lasciatela finire» dice Angela, gli occhi bassi e la voce di qualche tono più profonda del solito.

«Se pensate di non aver bisogno di me» riprende Dora, «posso sempre lasciare che ve la sbrighiate da sole. Posso tornarmene a casa, dove dietro la porta non c'è nessuno che mi aspetta con la cinghia in mano. Per vostra fortuna non mi sono mai illusa che avreste dimostrato gratitudine, e anzi questi vostri sprazzi di ribellione mi lasciano ben sperare, perché è proprio questo che dobbiamo fare: ribellarci. E non domani, non quando la figlia della sarachìa sarà cresciuta e avrà sedotto e spinto di nuovo l'uno contro l'altro i vostri figli, no: dobbiamo farlo adesso. Immagino che molte di voi questa notte abbiano preso tutte le precauzioni per far dormire il proprio marito fino a domani. Questo ci dà modo di muoverci liberamente, di decapitare la seconda delle teste di cui parlavo, sperando che basti. Chi non se la sente può tornare a casa, sdraiarsi di fianco al suo aguzzino e provare a dormire, se ci riesce. Per tutte le altre, è ora di mettersi in cammino. La notte passa in fretta.»

Quando Teresa apre la finestra della sua stanza, dalle sponde dell'Anguilla appena più a sud arriva il gracidare delle rane.

E ci sono i richiami sparsi degli uccelli notturni, che dialogano a distanza trafiggendo la notte con le loro molte lingue.

Ma non sono questi suoni abituali ad averla svegliata. Quando ha aperto gli occhi la prima cosa che si è chiesta è se i colpi secchi che ancora aveva nelle orecchie fossero i rimasugli che si era trascinata dietro dal regno del sogno, o se fossero viceversa ciò che dal sogno l'aveva strappata, riportandola nel suo letto.

Quindi si è messa in ascolto, e non sentendo nulla di inusuale si stava convincendo che la prima ipotesi fosse quella giusta.

Ma mentre sta riaccostando la finestra ecco di nuovo uno di quei colpi, seguito da una specie di crepitio.

E poi un altro, e un altro ancora.

Simili, ma non identici.

Una volta che le donne sono arrivate davanti all'Albero non c'è stato bisogno di organizzarsi, tutto è venuto spontaneo.

«Se c'è una cosa che dobbiamo riconoscere alle sarachìe è che sono state capaci di mantenere al sicuro i loro segreti» ha detto Dora, osservando le altre. «Nessuna di noi sa di preciso cosa facessero per guarirvi. Ma io so per certo che erbe e intrugli erano solo fàrfule, che il centro di tutto era questo albero. Era qui che Nives veniva di nascosto, e quindi questa sarà la prossima testa a cadere. Colpite, sorelle! E se non sarà sufficiente passeremo alla testa successiva, quella che materialmente morde le vostre carni fin dalla notte del Brivido: gli uomini. Colpite, sorelle, colpite!»

Le donne si sono messe in fila, a un braccio di distanza l'una dall'altra, e a turno hanno iniziato a colpire.

Dopo aver affondato l'accetta nel fianco dell'Albero, quella che ha colpito va a posizionarsi in coda alla fila.

La combinazione tra la forza di chi colpisce e quella di chi viene dopo determina il ritmo dei colpi.

Quando dopo una donna nel pieno delle forze tocca

a un'anziana che fatica a estrarre la lama dal tronco, la pausa tra un colpo e quello successivo si dilata.

Quando succede l'opposto i colpi si susseguono con maggiore rapidità.

Tutte si sentono parte di qualcosa che è stato rimandato troppo a lungo, una tappa decisiva del percorso che le condurrà verso l'agognata, collettiva libertà.

Dora non partecipa alla staffetta, limitandosi a osservarla e ad accompagnare ogni fendente con impercettibili contrazioni dei muscoli e con un nervoso aprirsi e chiudersi dell'occhio buono.

Il tronco ha un diametro di quasi due metri, e all'inizio sembra che l'accetta non sia in grado di scalfirlo davvero. Ma una volta che un largo spicchio di corteccia viene fatto a pezzi e giace in schegge tra le radici, ogni nuovo affondo dell'accetta scava un po' più in profondità nella polpa dell'Albero, e ne fa sgorgare una linfa verdastra che nel buio sembra produrre una sinistra luminescenza.

Per le donne è il segno che quell'albero è speciale, una conferma che invece di dar loro nuova determinazione provoca un mormorio interlocutorio.

È allora che Dora alza una mano per assicurarsi l'attenzione, che per la prima volta tocca l'accetta liberandola dal legno e ne osserva da vicino la lama gocciolante.

«Sorelle» dice, «sorelle di Roccasa, aprite gli occhi e osservate quello che siamo capaci di fare quando la nostra volontà è ferma e la nostra mano è salda. Guardate quanto è semplice decapitare i responsabili della nostra schiavitù.»

Si appoggia al tronco con una spalla, ma il suo peso

non è sufficiente a sbilanciare il fusto ormai squartato e a far crollare l'Albero, come invece sperava.

Lascia allora cadere l'accetta sull'erba, poggia i palmi delle mani sulla corteccia puntellandosi con entrambi i piedi, e le fibre del legno iniziano a gemere, un suono che nessuna di loro credeva possibile per un albero, non importa quanto speciale.

Se avessero modo di parlarne e di confrontarsi su quello che hanno provato sentendo quello scricchiolio, scoprirebbero che ognuna di loro ha creduto di riconoscervi qualcosa di molto personale.

A Dora ha ricordato la voce trasfigurata di Sandrone che la inseguiva nella stanza da letto, ad Angela è parsa invece una voce femminile in preda a un dolore straziante, e non le ci è voluto molto per capire che era la sua, subito dopo aver visto Tobia nel pozzo.

Il buio inizialmente impedisce alle donne di apprezzare la lenta e inesorabile perdita di baricentro dell'Albero, il suo doversi arrendere quando il peso della chioma spezza definitivamente il tronco e si tira dietro tutto il resto.

È quindi il fragore dei rami che si rompono toccando terra a segnalare a tutte che la battaglia è vinta, l'Albero abbattuto.

«Stanotte celebriamo la fine dell'incubo» dice Dora, e l'eco delle sue parole per quanto confuso e inintelligibile arriva fino a Teresa, ancora affacciata alla finestra.

Le donne abbandonano la fila, qualcuna si avvicina con cautela al groviglio di legno e foglie, altre si abbracciano, ma è un'euforia di breve durata.

Da un punto che non sono in grado di stabilire con precisione, molto distante ma non abbastanza da non riempirle di terrore, giunge un lungo lamento.

Stavolta ognuna lo percepisce identico a tutte le altre, è uno sbadiglio pieno di dolore, e a emetterlo non può essere stata che una creatura sovrannaturale. Una specie di pelle d'oca percorre la fila, avanti e indietro.

Poi la Bestia tace, e rompere il silenzio spetta a Evelina, che non ha aperto bocca dall'inizio dell'adunata nella locanda e adesso invece prende coraggio.

«Cosa abbiamo fatto?» chiede. «Cosa abbiamo risvegliato?»

«È la vendetta della sarachìa, sta venendo a prenderci!» risponde un'altra, facendosi il segno della croce. «Torniamo a casa, pentiamoci e preghiamo di non aver peggiorato le cose.»

Inizia a correre, ma uno schiocco la fa fermare e voltare indietro.

Dora ha raccolto l'accetta ancora gocciolante e l'ha calata con tutte le sue forze su ciò che resta dell'Albero.

«Non è il momento di arrendersi» dice, «di mostrarsi deboli o indecise. Non sono sicura di cosa fosse quel gemito, ma significa che siamo sulla strada giusta e che la nostra nottata sarà ancora lunga. Speravo di non dover arrivare a tanto, di non dovervi chiedere di ripercorrere i miei passi, ma se eliminare la sarachìa e abbattere il suo tempio non è stato sufficiente non ci resta che fare i conti, una volta e per sempre, con coloro che hanno la diretta responsabilità delle nostre sofferenze. Il momento è arrivato: attacchiamoli mentre dormono, e facciamo in modo che se qualcuno di loro vedrà l'alba gli sia almeno chiaro che l'epoca delle violenze è tramontata.»

19

Gli uomini di Roccasa, anche quelli che sono stati indotti a ubriacarsi o sono stati storditi in altro modo, ormai sono quasi tutti svegli. Il lamento della Bestia è stato più forte del vino, più forte dei sonniferi, e quando le donne si avviano al paese gli uomini hanno già intimato ai figli pallidi e assonnati di tornare a letto, e poi sono usciti dalle case per scrutare il buio e cercare di capire cosa stia succedendo.

Le donne si sono divise spontaneamente in gruppi: uno viene giù dal pendio, uno risale l'Anguilla, uno punta al pozzo. Si fanno coraggio con urla e canti, che non lasciano alcun dubbio sulla bellicosità delle loro intenzioni.

Raggiungono le case, torce alla mano, e i pochi uomini che non si sono ancora svegliati vengono sorpresi nei loro letti.

Molti non si rendono conto di nulla.

Gli altri fuggono verso il bosco orientale, si arrampicano su per la collina immersi nella pece della notte. Uno giunto a metà scivola, rotola giù e bestemmiando ricomincia la risalita. Uno nella foga va a sbattere contro lo scheletro rinsecchito di un albero e si cava un occhio – le donne lo troveranno di lì a breve steso a terra folle di dolore, e quel che gli faranno avrà una sfumatura di pietà. Un altro ancora scambia quello che gli corre di fianco per una delle inseguitrici e gli pianta un coltello nella gola.

Quelli che escono illesi dal bosco si compattano, spinti dalle torce in avvicinamento puntano verso la chiesa, rannicchiata sulla collina come un grosso animale addormentato.

Nessuno, né tra le donne né tra gli uomini, ha notato una figura minuta, vestita di nero, che uscita dal bosco occidentale a un certo punto si è distaccata dalle altre, con un gran frastuono di voci contraddittorie in testa, la più cocciuta delle quali non ha mai smesso di sussurrarle all'orecchio: *Noi non siamo come loro*. Non del tutto convinta dell'affermazione, ma comunque spronata dalla stessa, Evelina ha puntato a nord, è entrata in paese da sola, rapida e china, fino a raggiungere la casa di Marcello.

Qui vede Zeno, fuori dalla porta, spettinato e in calzamaglia, che muove la bocca senza emettere un suono e la testa con brevi scatti isterici, un automa in preda alla confusione.

Evelina gli passa dietro, coperta dallo steccato, raggiunge la finestra sul retro e lì si ritrova occhi negli occhi con Marcello, il vetro della finestra a fare da filtro.

«Apri, presto!» dice, poi si guarda attorno.

«Devi scappare» sussurra quando la finestra viene aperta. «Tra poco saranno qui e non avranno pietà per nessuno.»

«Chi? Cosa scoperchio sta succedendo?»

«Le donne del paese, stanno arrivando e sono armate. Con loro c'è anche tua madre.»

«E allora perché dovrei scappare? Lei di sicuro non mi farà del male.»

«Non hai visto le loro facce, non hai sentito quello che si sono dette, o staresti già correndo. C'è Dora che le guida, scappa, adesso!»

Marcello dà un'occhiata alla sua stanza per un ultimo saluto, poi scavalca il davanzale e gira attorno alla casa.

Vede due donne incappucciate sbucare dall'ombra e prendere Zeno alle spalle, le vede mentre gli mettono una corda al collo e iniziano a stringere; l'osceno risucchio che esce dalla bocca di suo padre è ciò che lo convince a fuggire verso il bosco orientale senza perdere altro tempo.

Una volta radunati nel cuore buio della chiesa, senza neppure il tempo di rifiatare o di contarsi, gli uomini si mettono al lavoro. Bisogna accatastare i banchi per creare uno sbarramento che blocchi l'ingresso principale della chiesa, e fare lo stesso anche per la porta sul retro, quella che dà accesso al campanile e da lì alla sagrestia.

Don Ettore, che li ha visti arrivare come una mandria fuori di senno e non ha avuto il tempo di chiedere da cosa stessero fuggendo, adesso dirige i lavori. Quando si rende conto che c'è bisogno anche delle sue braccia si unisce agli altri, gomito a gomito con uomini di cui sa qualcosa e con altri di cui non conosce nemmeno nomi e parentele.

Quando i banchi superano in altezza la porta e formano una barriera abbastanza spessa da poter resistere agli attacchi esterni, gli uomini sembrano emettere un gran sospiro corale. Alcuni si piegano con le mani sulle ginocchia, qualcuno si siede sul pavimento, uno tira fuori il tabacco da una tasca, chiede il permesso a don Ettore, e ricevuto un cenno di assenso si prepara una sigaretta e la accende.

Lo spavento aveva scalzato il sonno, che adesso però si riaffaccia sui loro volti, fa ciondolare qualche testa ed evaporare la voglia di parlare, anche se di cose su cui confrontarsi ce ne sarebbero parecchie.

La rivolta delle donne, osserva tra sé don Ettore, li ha certo colti di sorpresa, ma solo perché non se l'aspettavano stanotte; che prima o poi sarebbe accaduta, almeno a giudicare dalle loro espressioni, era in qualche modo stato messo in conto.

Ancora una volta si sente un corpo estraneo, circondato da persone che condividono con lui lo spazio, l'aria che respirano, e nulla più. I mesi passati però lo hanno indurito, e l'isolamento ha smesso di causargli la sofferenza dei primi tempi. Ora si chiede se proporre una preghiera, poi sorride della propria ingenuità e si ritira sull'altare, da cui osserva la navata.

Un altro sorriso, altrettanto amaro, al pensiero che non ha mai visto la sua chiesa così frequentata. A occhio e croce davanti a lui c'è almeno la metà degli uomini di Roccasa. Per tutti gli altri don Ettore recita una preghiera, persuaso che non essere qui, in una notte come questa, equivalga ad aver già fatto una brutta fine – e del resto nulla garantisce che per chi ha raggiunto la chiesa il destino sarà diverso.

Si sentono passi sul ghiaino, le donne si radunano per l'assedio. Eppure nessuno fa la prima mossa, il tempo passa e don Ettore non sa come occuparlo.

Decide quindi di aprire il tabernacolo e si prepara a benedire le ostie.

Nessuno degli uomini ha mai dimostrato di credere, è vero, ma la paura della fine è un formidabile carburante per le conversioni estemporanee.

Sta recitando la benedizione quando si accorge che da dietro l'altare arriva un pianto soffocato.

Nella concitazione di far entrare gli uomini e di sbarrare le porte non si era reso conto che tra di loro ci fosse anche Marcello, eppure adesso eccolo lì, accasciato e tremante.

«Alzati, coraggio» dice don Ettore, e lo risolleva da sotto le ascelle, trovandolo leggero e madido di sudore nonostante in chiesa non faccia caldo.

Dall'ultima volta che lo ha visto deve aver perso almeno cinque o sei chili, ha le labbra secche e gli occhi rossi. Quando se lo ritrova tra le braccia non può fare a meno di consolarlo, anche a costo di mentirgli.

«Calmati, respira, qui siamo al sicuro» dice.

«Nessuno è al sicuro in questo paese, Padre» risponde Marcello, coi singhiozzi che dilatano le pause tra le parole. «So che non sono venuto spesso in chiesa e lei penserà che non sono un buon cristiano, e che magari questo non è il momento, ma mi posso confessare?»

«Ma certo» dice don Ettore, ed è uno di quei rari attimi che spazzano via le rinunce che il sacerdozio ha richiesto come pegno, un risarcimento per quello che il sacerdozio lo ha costretto a sopportare (*Neanche quello è peccato, Padre?*).

È una commozione che però ha vita breve, trafitta dalle voci che don Ettore ha sentito in giro, dalle insinuazioni che quello che è successo a Tobia non sia stato un incidente.

«Vieni, sediamoci qui» dice indicando i tre gradini che portano all'altare. «Non è la sistemazione migliore, ma viste le circostanze direi che ci possiamo accontentare.»

Marcello guarda gli uomini sparpagliati nel buio della chiesa per controllare se qualcuno lo stia osservando, poi si asciuga il moccio con il dorso della mano, si siede. In tasca ha la targhetta della Vespa, che ha ritrovato sul fondo della scatola delle cicale dopo la morte di Tobia e da cui non si è più separato – nonostante gli sembri scottare al contatto con la gamba, come arroventata dal senso di colpa. La stringe nel pugno, adesso, sta per cominciare a parlare quando la prima pietra sfonda una finestra, e per gli uomini è come una sveglia che li sottrae alla sonnolenza in cui si sono acciambellati. Si alzano in piedi di scatto, uno si lascia sfuggire una bestemmia a cui cerca di rimediare togliendosi il cappello e improvvisando la farsesca imitazione di un inchino in direzione dell'altare.

Anche don Ettore è balzato in piedi, caricato dallo spavento e dall'indignazione per l'empietà di quell'attacco.

Il suo primo istinto è quello di avvicinare un banco alla finestra, salirci in piedi e urlare in faccia alle assedianti che si stanno macchiando di un peccato per cui non esiste perdono o redenzione. La pioggia di oggetti sempre più fitta lo fa desistere: dalle finestre arrivano altre pietre, sempre più voluminose, e poi rami, pigne, uno zoccolo, persino un coltello.

«Apra la porta, Padre» dice una voce da fuori, «ci faccia entrare e la lasceremo stare, è una promessa. Non è con lei che ce l'abbiamo.»

«Chi si rifugia nella dimora del Signore è sotto la mia protezione, dovreste saperlo. Tornate alle vostre case, sono certo che riusciremo a risolvere tutto domani, alla luce del sole e senza bisogno di violenza.»

«Visto?» dice un'altra voce. «Il prete è un uomo, quindi maiale come tutti. Inutile aspettarsi qualcosa di diverso da lui, troviamo il modo di entrare e facciamola finita.»

«Io glielo avevo detto, Padre: nessuno si può salvare qui, nessuno...» sussurra Marcello, che è tornato a sedersi sui gradini.

Nel frattempo gli uomini si sono addossati alle pareti per mettersi al riparo e strisciano verso l'altare, una processione di ombre.

«E adesso che facciamo?» dice uno con i capelli arruffati, guardandosi attorno.

«Io dico che adesso spalanchiamo le porte, andiamo là fuori e mettiamo in chiaro chi comanda in questo scoperchio di paese» risponde un altro, rivolgendosi agli uomini raccolti attorno all'altare. «Se ci organizziamo un po' è un attimo fargli passare la voglia di ribellarsi. Mica avremo paura di un branco di donne?»

«Sono più di noi» dice un altro ancora, «e sono anche armate, mentre noi non abbiamo nulla. Come pensi di rimetterle al loro posto, lanciandogli le ostie?»

«Signori» cerca di intromettersi don Ettore, «cerchiamo di mantenere la calma…»

«Ma quali ostie, a me mi basta questo qua per buttarne giù una decina, di quelle là» ribatte l'altro, mostrando un pugno.

«E allora com'è che non lo hai usato prima, 'sto pugno, invece di scappare qua dentro come un ratto? Vai fuori, vai, così ti ammazzano prima ancora che riesci a rimboccarti le maniche.»

«Prima mi hanno colto di sorpresa, stavo dormendo e me ne sono trovate quattro o cinque attorno al letto, coi coltelli in mano, mi sono spaventato e mi son buttato fuori dalla finestra senza neanche aprirla. Guardate qua che tagli. Ma adesso che sono preparato te lo faccio vedere io chi ammazza chi. Bada, però, poi non ti lamentare se tra quelle che lascio per terra c'è anche tua moglie.»

«Signori, per l'amor di Dio!» grida don Ettore, sbattendo un pugno sull'altare. «Stanotte nessuno ammazzerà nessuno, non in mia presenza. Diamoci una calmata, e mentre decidiamo cosa fare ritiriamoci sul campanile, almeno lì saremo al sicuro dalle pietre. Magari da lassù ci riesce anche di capire quante sono e di provare a farle ragionare.»

Nessuno ha niente da ridire, non mentre la sassaiola dalle finestre continua ad aumentare. Una pietra grossa come una mela sibila di fianco all'orecchio di don Ettore e finisce per colpire un uomo su uno zigomo.

Don Ettore prende la tovaglia che ricopre l'altare, la ripiega e la passa al ferito. «Si asciughi con questa. E adesso andiamo, tutti dietro di me, in fila, che la scala è stretta.»

Obbediscono, docili, ma arrivati alla fine della scala è evidente che la cella campanaria non è abbastanza ampia per accoglierli tutti. Così un po' alla volta si siedono sui gradini di legno, sempre più in basso a mano a mano che quelli sopra vengono occupati.

L'uomo ferito è stato tra i primi a salire, e adesso è appoggiato al sostegno della campana. Si tampona il volto, masticando insulti verso chi ha tirato il sasso. Quando la ferita smette di sanguinare butta a terra la tovaglia, tra i piedi di Marcello, che la raccoglie e inizia a ripiegarla, come se tenere occupate le mani potesse distrarlo da quello che gli succede attorno.

«Mi faccia vedere» dice don Ettore all'uomo. «Niente di grave» conclude dopo una rapida occhiata, «è andata bene, qualche centimetro più su e...»

Non finisce la frase perché una voce lo chiama.

«Prete, fatti vedere! Lo sappiamo che siete lassù.»

Don Ettore si affaccia e scorge una costellazione di torce, e gonne, e volti incappucciati che lo osservano. E a poca distanza, raggruppati, tutti i figli di quelle donne, maschi e femmine. Testimoni tremanti di qualcosa a cui sarebbe meglio non assistessero.

«Eccolo, eccolo» dice la stessa che poco prima gli ha dato del maiale, di cui riconosce la voce ma a cui non riesce ad associare né dei lineamenti né un nome.

La donna si passa la torcia nella mano sinistra, con la destra raccoglie qualcosa e lo scaglia verso la cima del campanile. Riesce a colmare meno della metà della distanza, e il proiettile, qualunque cosa fosse, precipita tra le donne più vicine alla base.

«Che scoperchio fate?» dice una di quelle. «Non lanciate nulla o qua ci rompiamo la testa tra di noi!»

Don Ettore sente Marcello muoversi alle sue spalle, desideroso di dare un'occhiata in basso. Che suo padre non sia tra gli uomini asserragliati nel campanile, questo già lo sa. Sta invece cercando di capire se sua madre sia tra quelle che accerchiano la chiesa, ma non ha modo di scoprirlo perché don Ettore lo ricaccia nel buio, un secondo troppo tardi.

«Sarachìa! Sarachìa, lassù!» grida Angela, scostandosi dagli occhi il cappuccio per essere sicura di aver visto bene.

Come in una macabra coreografia tutte le teste scattano verso l'alto.

Don Ettore non capisce, sta per chiedere spiegazioni, ma a quanto pare questa notte è destinato a inseguire eventi più veloci di lui.

Di fianco gli è comparso Marcello, la tovaglia sulla testa che come un velo gli nasconde il viso, in piedi sul davanzale della bifora ed esposto all'odio che viene dal basso. Agita le braccia e muove le mani come se lanciasse un incantesimo, una cosa che nessuna sarachìa ha mai fatto ma che asseconda le dicerie e le aspettative delle donne di sotto. E infatti alcune si sparpagliano per sfuggire all'inesistente maleficio.

«Che fai, sei impazzito?» dice don Ettore tirandolo per un braccio. «Non mi sembra il momento di prendersi gioco di loro, vieni via!»

«Sto solo cercando di tenerle occupate, di guadagnare tempo» risponde Marcello, con un sorriso esausto e illuminato dalla luce delle torce che viene dal basso. «Guardi laggiù, oltre gli alberi.»

Don Ettore segue l'indicazione, all'inizio non vede nulla, poi si accorge di due piccole pozze di luce, più o meno dove si trova la casa di Teresa. I fanali del furgone di Elvezio, in moto e pronto a partire.

«Prete, intanto butta giù la sarachìa, poi decidiamo cosa fare degli uomini. Magari li risparmiamo anche, basta che non ritornano a casa.»

La donna che ha parlato ridacchia. Un'altra le va dietro, poi una terza, e nel giro di qualche secondo tutta la folla è percorsa da una risata che a don Ettore suona oscena. Gli tornano alla mente le parole lette sul diario di don Antonio riguardo alla difficoltà di distinguere tra lupi e agnelli.

«Ma di che parlano?» chiede qualcuno dalla tromba delle scale. «Diteglielo che qua non c'è nessuna sarachìa, che ci lascino in pace e tornino a letto!»

La richiesta incassa subito i primi mugugni di approvazione, poi risale la scala grazie al passaparola.

«Che aspettate, muovetevi!»

«Qua siamo solo uomini.»

«Parla, prete, o ci condanni tutti quanti.»

Don Ettore non presta attenzione alle voci, troppo preso dalle traiettorie di altre torce che si fanno strada attraverso il bosco e si avvicinano al campanile. Sono due gruppi, e ognuno conduce con sé un carro di piccole dimensioni. Nulla di abbastanza grande da poter essere usato come ariete, pensa don Ettore, ma poi si accorge che alla testa di uno dei gruppi – inconfondibile per l'andatura e per come volta la testa a destra e sinistra per supplire alla mancanza di visione periferica – c'è Dora. Inizia allora a domandarsi quale sia lo scopo dei carri, e la consapevolezza di cosa sta per accadere gli serra i testicoli.

Si porta alle spalle di Marcello, traccia un segno della croce nell'aria dietro la nuca del ragazzo e inizia a recitare tra sé le formule dell'assoluzione.

Poi torna a guardare giù, e lì c'è Dora che gli sta facendo il verso, che come lui sta tracciando un segno della croce nell'aria ma scambiandone di proposito l'ordine, e che poi butta la testa all'indietro e ride.

E nelle retrovie del gruppo una figura che si allontana dalla base del campanile guardandosi le spalle. Don Ettore la vede guadagnare l'inizio del bosco senza che nessuno la noti, e solo allora tirarsi giù il cappuccio. Riconosce Evelina, appena prima che scompaia tra gli alberi. Le augura mentalmente di mettersi in salvo, di andarsene altrove e, per quanto possibile, di dimenticare.

Un carro intanto è arrivato alla base del campanile, mentre l'altro continua la sua corsa, diretto alla porta principale. Quello alla base del campanile viene rovesciato su un fianco e spinto fino all'ingresso, a cui viene inchiodato.

I colpi dei martelli mettono in apprensione gli uomini, che dalle scale non vedono cosa succede fuori.

«Che è?»

«Ci sparano?»

«Andiamo su a vedere!»

E quindi salgono, spingendosi e congestionando la scala.

«Giù, tutti giù» prova a respingerli don Ettore, ma ha perso ogni residuo dell'autorità che gli aveva permesso di farsi seguire durante la salita. «Dobbiamo uscire, presto!» urla, ma una spinta lo fa cadere, proprio mentre al piano terra le torce iniziano a piovere dentro le finestre della chiesa. Le fiamme mordono i banchi che puntellano le porte e quelli ancora schierati davanti all'altare, si propagano grazie a una passerella di stoffa che attraversa tutta la navata e che in breve diventa una lunga lingua di fuoco, si arrampicano su per le scale di legno del campanile e finiscono per avvolgere tutta la struttura di sostegno delle campane.

«Brucia, sarachìa! Brucia, prete! Bruciate, maiali!» gridano le donne dal basso, non abbastanza forte da coprire le urla di dolore di chi è rinchiuso nel campanile, e con esso finirà ridotto in cenere.

20

«Sveglia, papà, sveglia!»

Elvezio spalanca gli occhi, si mette seduto.

«Cosa c'è?» dice.

«Sta succedendo qualcosa nel bosco, vieni a vedere!»

Elvezio prende i pantaloni e raggiunge la figlia alla finestra.

«Ho sentito dei rumori, degli schiocchi dal bosco occidentale.»

Elvezio tende l'orecchio, una gamba infilata nei pantaloni e l'altra fuori, sospesa.

«Non sento niente, sei sicura di non esserteli sognati?»

«Sì, ero sveglia, come lo sei tu adesso. Credo che abbiano abbattuto l'Albero, e che abbiano risvegliato qualcosa.»

«Quale albero, non capisco, di che stai parlando?» risponde Elvezio, che nel frattempo ha continuato a vestirsi, infilandosi camicia e maglione.

«Ecco, ecco, guarda là!»

Elvezio segue l'indice di Teresa, aggrotta la fronte, strizza gli occhi, e adesso li vede anche lui, puntini luminosi che escono dal bosco occidentale in fila indiana, e una volta fuori si dividono in gruppi più piccoli, si sparpagliano, anche se per il momento nessuno sembra dirigersi verso casa loro.

«Chi sono, che ci fanno svegli a quest'ora?»

«Non lo so, ma credo che siano le donne del paese. Dobbiamo andarcene prima che vengano a prendere anche noi.»

Elvezio sta per ribattere al tono perentorio di Teresa, a questa inaspettata inversione di ruoli tra padre e figlia, quando sente le voci che accompagnano l'avanzata delle torce. Sono voci femminili, imbevute di dolore e affamate di vendetta.

«D'accordo, andiamo» dice.

«Prepara il furgone col motore acceso, io torno tra poco.»

«Come tra poco, dove stai andando?»

Ma Teresa ha già infilato il libro di botanica nel tascapane ed è corsa fuori.

«C'è ancora una cosa che devo fare» dice senza smettere di correre. «Tu tieniti pronto!»

«Teresa, torna qui! Teresa, è un ordine!» urla Elvezio guardando la schiena della figlia che si allontana.

Teresa non punta su Roccasa, si dirige invece verso est, costeggiando l'Anguilla. La paura le acuisce i sensi – l'odore dell'erba, il chiarore giallognolo che piove giù dalla luna, i suoi passi cadenzati sul terreno – e non è l'unica cosa che la spinge. Dopo settimane di obnubilamento si sente di nuovo viva, sente di avere un corpo e uno scopo.

Giunta all'altezza del secondo ponte osserva le donne che raggiungono il paese e si muovono come uno sciame impazzito, entrano ed escono dalle case, si raggruppano e si dividono, urlano e fanno urlare.

Teresa si accuccia e, protetta dal muretto a secco che delimita la vecchia strada che dalla piazza scende verso sud, si avvicina al centro del paese.

Riesce a conquistare una posizione soddisfacente, sicura ma abbastanza vicina per tenere d'occhio un ampio spicchio di Roccasa da una fessura nel muretto. Vede la piazza del pozzo cosparsa di pietre e cumuli di stracci abbandonati in giro, e timidi presagi di incendio dove le torce sono state lasciate a terra.

Da una casa sbuca un uomo, si guarda attorno stralunato, attraversa il primo ponte e fugge verso il bosco orientale. Poi un secondo, che raggiunge il fiume una decina di metri più a nord e per non perdere tempo lo attraversa a nuoto. E poi un terzo, un quarto, un quinto, alla spicciolata, qualcuno zoppica, qualcuno sembra far fatica a orientarsi, uno si tiene la testa, uno è mezzo nudo.

Lo sciame, che nel frattempo ha finito di perlustrare le case, si ricompone. In una fila ordinata, con un'andatura che ha qualcosa di militaresco e religioso insieme, attraversa il primo ponte e si inoltra nel bosco.

Il paese che fino a poco fa era brulicante resta vuoto, e Teresa può uscire dal suo nascondiglio e dirigersi indisturbata verso il suo obiettivo.

Due cose la colpiscono durante il tragitto. La prima è che le pietre sparpagliate in giro sono quel che resta del pozzo, esploso dall'interno e ridotto a una fossa dai bordi frastagliati attorno ai quali il terreno è bagnato e appiattito. La seconda è che quelli che le erano parsi cumuli di stracci sono cadaveri, e che uno di questi, col viso violaceo fisso sulla luna, è di Zeno. Sulla sua strada ce n'è un altro, che non riesce a riconoscere perché è disteso a faccia in giù, con una roncola piantata alla base del collo.

Teresa ha un conato, lo tiene a bada, continua a farsi largo in mezzo allo sfacelo.

Striscia dietro alla locanda, diretta all'angolo nord-est di Roccasa, dove sorge la casa di Marisa.

Quando sta per svoltare l'ultimo angolo sente la voce di Dora: «Vieni fuori». Sbirciando, la vede in piedi davanti alla casa della sorella.

«È tutta colpa tua, vero?» risponde Marisa, da dietro la porta.

«Stiamo ponendo fine una volta per tutte alla maledizione di Roccasa. E sì, buona parte del merito è mia.»

«Che Dio abbia pietà delle vostre anime.»

«Dio, le sarachìe, gli alberi miracolosi: tutte cose di cui non avremo più bisogno, da qui in avanti. Ora vieni fuori, anche tu devi fare la tua parte.»

«Lasciami in pace, la tua blasfemia mi disgusta e piuttosto che unirmi a voi preferirei essere morta.»

«Sei sempre stata così debole, impaurita, incapace di fare un passo senza il tuo Dio a sorreggerti... Come vuoi, me ne vado, ma non potrai stare lì dentro per sempre. E quando esci dovrai spiegare a tutte le altre da che parte stai. Speriamo siano comprensive. Buona fortuna, sorellina.»

Dora si allontana, caracollando verso la chiesa.

Teresa allora si avvicina alla casa, bussa, non riceve risposta. Appoggia l'orecchio alla porta, sente dei passi rapidi, poi la punta di un coltello da cucina trapassa il legno a pochi centimetri dal suo naso.

«Ti ho detto di lasciarmi in pace, maledetta!» urla Marisa.

«Sono io, Teresa!»

Marisa apre la porta, ha una candela in mano, lo sguardo spiritato e un filo di muco che le scende da una narice.

«Oddio, credevo fossi lei, e con quel coltello ho rischiato di ammazzarti... Perdonami, è che questa notte ho sentito cose terribili che per poco non mi hanno fatto impazzire. Credo che qualcuno sia stato ucciso...»

«Più di qualcuno. Ci sono morti dappertutto. I pochi uomini che si sono salvati sono corsi verso la chiesa, e le donne gli sono andate dietro.»

«Don Ettore! Devo andare ad avvertirlo!»

Teresa prende Marisa per il braccio.

«Non c'è più niente che possiamo fare. E se ci scoprono rischiamo di fare la stessa fine degli uomini.»

«E allora perché sei qui, bambina mia? Tuo padre, è...» Marisa non ha il coraggio di finire la frase.

«Lui sta bene, è a casa. E io sono qui per quel debito che mia madre sentiva di avere con lei e che non ha potuto onorare. Ho pensato che toccasse a me occuparmene, e sono venuta a prenderla. Mio padre ci aspetta col furgone, andiamocene prima che sia troppo tardi.»

«Ma non posso, qua ho tutte le mie cose, e poi non saprei dove altro andare...»

Teresa prende Marisa per le braccia, la fissa negli occhi, le parla con la stessa fermezza che ha sorpreso suo padre poco prima.

«Restare vuol dire morire. Andiamo, coraggio» dice.

Marisa trema, la candela le cade di mano, Teresa la spegne con la suola.

Arrivate a metà del tragitto Marisa getta uno sguardo al paese dove la sua famiglia ha vissuto per generazioni.

Si ferma, Teresa cerca di trascinarla via per un braccio, e si trova invece a doverla sostenere per evitare che cada.

«No» dice Marisa. «No, no, no» ripete.

Il campanile è un enorme fiammifero piantato sulla cima della collina, le vampe divorano la cella campanaria e un bagliore diffuso schiarisce il cielo, segno che anche tutto il resto della chiesa sta bruciando.

«Don Ettore è là dentro, ed è colpa mia, è tutta colpa mia» dice Marisa.

«Niente di tutto questo è colpa sua, e in ogni caso non è il momento per pensarci.»

«Dopo quel che è successo a don Antonio avrei dovuto metterlo in guardia dall'anima marcia di questo paese, fargli capire che non c'era modo di guarirla. Ma non l'ho fatto, neanche quando mi chiedeva spiegazioni, e adesso...»

Lo schiaffo la interrompe.

Marisa si porta la mano alla guancia, guarda Teresa come se non la riconoscesse, e obbedisce quando la ragazza dice: «Andiamo».

Elvezio è seduto al posto di guida, le mani strette sul volante, i fari accesi per scandagliare il buio.

Quando vede divampare le fiamme sul campanile è

come se una vertigine gli aspirasse le viscere. Scende dal furgone, «Teresa!» mormora, ed è allora che le vede, due figure che camminano a passo svelto lungo il confine del bosco occidentale.

Una è sua figlia, ma non riconosce la seconda.

Stringe i pugni e si morde la lingua, con l'improvvisa certezza che se quella donna tiene Teresa in ostaggio è pronto a ucciderla lì, a mani nude, nella luce dei fanali.

Quando capisce che si tratta di Marisa rilassa le mascelle, torna a sedersi al volante, mette in moto.

«Siediti qui» dice Teresa a Marisa indicandole il posto del passeggero, «io sto nel cassone.»

La aiuta a salire, chiude la porta, salta su anche lei.

Appena il furgone parte Teresa vede il campanile collassare su se stesso, proiettando una colonna di fiamme e scintille verso il cielo, che va impallidendo a causa dell'alba.

Sente le donne esultare, una parte di lei vorrebbe tornare indietro e affrontarle a una a una.

Poi nota che le cime degli alberi del bosco orientale si muovono, che qualcosa, qualcosa di grosso, sta risalendo la collina a gran velocità.

Quando la Bestia arriva in cima all'altura emette un ululato, in cui a Teresa sembrano confluire una voce molto acuta e una molto profonda. È un verso covato per centinaia di anni, è una promessa di morte.

Teresa sente le urla di terrore delle donne e dei loro figli, e allora capisce che di Roccasa, dopo questa notte, non rimarrà più nulla. Le sue storie sbiadiranno, le sue case verranno inghiottite dalla vegetazione quando il bosco orientale e quello occidentale, col tempo, si fonderanno in un'unica foresta. Il pozzo, ormai divelto, finirà per prosciugarsi, il cimitero continuerà a sbriciolarsi, una lapide alla volta.

Eppure – e questo è un messaggio che le viene suggerito dal ciondolo che sobbalza sotto la maglia – forse qualcosa sopravviverà a questa notte, qualcosa di sotterraneo e indicibile.

Come dicevano spesso le sarachìe, "il passato ha molti tentacoli".

Finito di stampare nel mese di gennaio 2022
presso Grafica Veneta S.p.A. – via Malcanton, 2 – Trebaseleghe (PD)
Printed in Italy